10歳（さい）まで（み）に身につけたい

自分（じぶん）の気持（きも）ちを上手（じょうず）に伝（つた）える

ことばの魔法（ほう）図鑑（かん）

五百田達成

Discover

はじめに ～おうちの方へ～

こんにちは、五百田達成と申します。

「話し方のプロ」として、書籍を書いたりテレビなどのメディアに出演したりしています。普段はビジネスパーソン向けの本が多いのですが、本書は子どもたちに向けた言葉の大切さを伝える一冊です。

多くの方がお子さんのコミュニケーションに課題を感じています。

- 「バカ」「お前」など、言葉遣いが悪い
- 友だちやきょうだいとケンカばかり
- 引っ込み思案で言いたいことが言えない
- 学校でうまく自己主張できているのか心配

などなど、「うちの子、このままで大丈夫なのかしら?」と。

大丈夫です。子どもたちは、自分の気持ちをどんな言葉にすればいいのかわからないだけです。

うれしい・楽しい・悲しい・悔しい……心に芽生えた気持ちはあるものの、それをどんな言葉にすれば伝わるのかわからない。相手がその言葉でどんな気持ちになるのかわからない。

だから、つい攻撃的な言葉を使ったり、押し黙ってしまったり、癇癪を起こしたり……そんな子が多いようです。

本書では、言葉を魔法に見立て、使うべき言葉・避けるべき言葉をそれぞれ30ずつ紹介しています。どんな気持ちになったら、この言葉を使うのか。そうすると相手はどんな気持ちになるのか。一つひとつ丁寧に解説していきます。

　コミュニケーションは、生きる力です。気持ちを上手に伝えられれば、友だち関係や学校の勉強でも悩まず、もっともっと楽しく生活できる。ひいては幸せな人生を送れるはず。

　グローバル化・多様化が進むこれからの世界でも、コミュニケーション能力の重要性は増すばかりです。言語やバックグラウンドの違う人と、いかに協力・協働していくか。いかに自分の意見を堂々と述べるか。いかに相手の気持ちを想像するか。その基礎力を小学生のうちに身につけさせてあげることは、子どもたちへの最大のプレゼントと言えるでしょう。

　実は自分の気持ちを上手に伝えるのは、大人でも難しいことです。「これはできてるね」「わ、これ言っちゃってる!」などと会話しながら、ぜひ親子で楽しんでいただけるとうれしいです。

ごめんね

は い!!

4

KOTOBA NO MAHOU ZUKAN

第3章　禁断の黒魔法30

＼パタン／

みんな
ウザい

なんだよ

ウザすぎ

ことばの魔法学校へようこそ！

こんにちは！
ようこそ、ことばの魔法学校へ！
校長のイオタじゃ、よろしく。

えー、ことばの魔法って何？
ぼく、ふつうに話せるし。

そうかのう。そのわりには、
友だちとケンカが多いようじゃの。
先生にもよく怒られとる。

な、なんで知ってるの！？

わしが教えることばの魔法は
「人と仲良くなれる魔法」じゃ。

何それ！　知りたい！

魔法には、2種類ある。
「好かれる白魔法」と
「嫌われる黒魔法」じゃ。
両方マスターしておけば、
この先困ることはないじゃろう。

2種類？　早く教えてよ！

よし、ではさっそく
授業を始めよう！

第1章

基本の

魔法7

まずは、基本の白魔法じゃ。
この7つのことばが使えれば、
だいたいのことは大丈夫じゃ。
人と仲良くなれる。助けてもらえる。
生きていける。
それくらい大事なことばだから、
かならず覚えて、いつでも使える
ようにしておいてほしいんじゃ。

ありがとう

うれしい！　　やった！

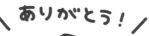

ありがとう！

ありがとう

ありがとう

どんなときに使う？

★ いつでも・誰でも
★ 何かしてもらったとき

効果は？

★ 相手を笑顔にする
★ 自分も笑顔になる

みんなが笑顔になる
最強万能魔法

友だちが親切にしてくれた、家族がおいしいごはんを作ってくれた、先生が「よくできたね」ってほめてくれた……。うれしくてほっとして、「よかった!」「やった!」と明るい気持ちになったら、「ありがとう」ということばで、目の前の相手に伝えましょう。

そうやってお礼を言われると、今度は相手がうれしい気持ちになります。心の中が明るくなって、もっときみにやさしくしようと思います。

たったひと言「ありがとう」と言うだけで、みんながどんどんうれしい気持ちになる。世の中がますますハッピーになるのです。

ちょっとでもうれしい気持ちになったら、すぐに「相手を笑顔にする魔法」＝「ありがとう」をとなえるようにしましょう!

英語で言うと？

サンキュー
Thank you.
ありがとう

こんな風に使おう！

1

いつもおいしいごはんを作ってくれて、ありがとう！

ごく当たり前のこと、ふつうのことについても、「ありがとう」をとなえましょう。

2

うれしい！　おいしい！　やった！

テンションがあがった気持ちをそっくりそのまま言ってしまうのも、効果的な魔法です。

3

ありがとうございます、助かりました

「あなたのおかげです」ということをより強く言いたいときには、「助かりました」の魔法をつけくわえます。

MISSION
ミッション

今日からやってみよう!

- [ ] うれしかったら、
「ありがとう」と言う

- [ ] なにげないことにも、
「ありがとう」と言う

- [ ] 「ありがとう」を口グセにする

"ことわざ"の魔法を学ぼう!

「 情けは人のためならず 」

人に親切なことをすると、巡り巡っていつか自分に返ってくる、という意味。他人のためだけでなく自分のためにもなるのですから、すすんでやさしくしましょう!

基本の  魔法 ②

ごめんなさい

悪いことを
しちゃったな

失敗
しちゃったな

こちらこそ
ごめんね

ごめんね

どんなときに使う?

★ ケンカしたとき
★ 叱られたとき

効果は?

★ 相手の気持ちが回復する
★ 自分の気持ちも回復する

悲しい気持ちが救われる
超回復魔法

　仲のいい友だちとケンカした、家族についひどいことを言ってしまった、大事な当番を忘れて先生に叱られた……。

　悲しくて恥ずかしい気持ちになったとき、「やっちゃったな……」「どうしよう……」と困ってしまったときは、「ごめんなさい」ということばで、その気持ちを相手に伝えましょう。

　そうやって謝られると、怒って悲しい気持ちになっていた相手も、すーっとやさしい気持ちになります。きみの心の中にあった罪の気持ちも、すーっと軽くなります。

　そうやって、おたがいが明るい気持ちに戻れば仲直りできて、ふたたび楽しい時間が戻ってきます。

　少しでも自分が悪いことをしたなと思ったら、すぐに「ごめんなさい」と謝るようにしましょう。

アイム　ソーリー　アイム　レイト
I'm sorry I'm late.
遅れてごめん！

こんな風に使おう！

1 心配かけちゃって、ごめんなさい

何が「ごめんなさい」なのかまでちゃんと説明すると、反省していることが伝わります。

2 すみませんでした

学校の先生やお店の人など、おとなに対して謝るときは、「すみません」の魔法がいいでしょう。

3 もうしません、気をつけます

「おたがいがこんな悲しい気持ちにならないよう、これからは気をつける」ということをつけくわえられれば、「ごめんなさい」の達人です。

MISSION

今日からやってみよう!

- [ ] 相手の気持ちを考える

- [ ] ちゃんと「ごめんなさい」を言う

- [ ] 言い訳をするときも、まずは謝ってから

"ことわざ"の魔法を学ぼう!

「悪事千里を走る」

「あの人は悪いことをした」という噂は、またたくまに世間に知れ渡る、という意味。素直に「ごめんなさい」を言えないと、そのことはあっというまに評判になってしまいます。

基本の 魔法 ③

こんにちは

この人と仲良く
なりたいな

初めての人に
きんちょうする

こ、
こんにちは…

どんなときに使う?

★ 初めての人に会うとき
★ 話しかけるとき

効果は?

★ 相手が安心する
★ 自分のきんちょうが消える

きんちょうがほどける
きっかけ魔法

　初めての子と遊ぶとき、よく知らないしんせきの人と会うとき、えらい先生や近所のおとなとすれ違うとき……。「どんな子なんだろう」「こわい人だったらイヤだな」とびくびくしてしまうときには、ひと言「こんにちは」という言葉をとなえてみましょう。

　実は相手のほうも、きみのことを「どんな子なんだろう」「仲良くしてもらえるかな」とビクビクしています。「こんにちは」というあいさつを聞いた相手は、「あ、仲良くなろうとしてくれてる！」とうれしい気持ちになります。顔もにこやかになって、きみに対してやさしくふるまおうとします。

　「おたがい、ビクビクするのはよしましょうね」「そうしましょう、仲良くしましょうね」と確かめ合う合図こそが、「こんにちは」の魔法なのです。

英語で言うと？

ハロー！
Hello!
こんにちは！

こんな風に使おう！

1　先生、おはようございます

朝、一日の始まりには「おはよう」の魔法も効果的。「今日も仲良くしましょう」という気持ちを込めます。

2　こんにちは、
今日はよろしくお願いします

「仲良くしてください」という気持ちを、より強く伝えるためには「よろしく」の魔法も効果的。少しの失敗には目をつむってくれることになります。

3　こんばんはー

夜、家族でご飯を食べに行くときに、お店の人に「こんばんは」と言えたらこの魔法の達人。「素敵なお客さんが来た！」とうれしくなって、いつもよりおいしいごはんを出してくれることでしょう。

今日からやってみよう！

☐ 近所の人に「こんにちは」と言われたら、「こんにちは」と返す

☐ 近所の人に自分から、「おはようございます」と言ってみる

☐ お店の人に「こんばんは」と言ってみる

"ことわざ"の魔法を学ぼう！

「 一期一会 」

その人に会えるのは、一生に一度だけのチャンスだ、という意味。「もう二度と会えないかもしれないのだから」という気持ちで、どんな人ともケンカせず、悪口を言わず、仲良くしましょう。

〜してください

〜がほしいな　　〜してほしいな

スプーンを
とってください、
母上！

もちろん！

どんなときに使う？

★ 頼みたいことがあるとき
★ 困っているとき

効果は？

★ ほしいものが手に入る
★ 相手もいい気持ちになる

どんな望みもかなう
お願い魔法

　友だちに消しゴムを貸してほしい、ご飯を食べたいのにスプーンがなくて困った、授業でわからないところを教えてほしい……。

　何かほしいものがあったり、相手に何かしてほしい気持ちが芽生えたときには、「〜してください」とていねいに頼むようにしましょう。

　「ねえ！　スプーンは!?」ではなく、「カレー用のスプーンを取ってください」とお願いすれば、相手もすっきりと「はい、どうぞ」となります。きみはほしいものが手に入るし、頼まれたほうもいい気持ちになれるのです。

　そうやって何かしてもらったら、すかさず「ありがとう」の魔法をとなえます。「〜してください」と「ありがとう」はセットでとなえる、と覚えてしまいましょう。

プリーズ　ショウ　ミー　ユーチューブ　フォー　アナザー　サーティ　ミニッツ
Please show me YouTube for another 30 minutes.
あと30分だけ YouTube を見せてください

こんな風に使おう！

～してください、お願いします！

より強くお願いするときには、「お願いします」の魔法を続けると、本気の気持ちが伝わります。

～してくれませんか？

先生やおとなによりていねいに頼むときには、このようにとなえます。「～していただけませんか？」という言い方もあります。

～してくれるとうれしいな

「もしやってくれたら、うれしい気持ちになります」ということをそのまま伝える、達人レベルの魔法です。

MISSION
(ミッション)

今日からやってみよう！

☐ 「買（か）ってよ！」ではなく
「買（か）ってください」と頼（たの）む

☐ 「やって！」ではなく
「お願（ねが）いします」と頼（たの）む

☐ やってもらえたら
「ありがとう」と言（い）う

"ことわざ"の魔法（まほう）を学（まな）ぼう！

「実（みの）るほど頭（こうべ）を垂（た）れる稲穂（いなほ）かな」

稲（いね）は実（みの）れば実（みの）るほど穂（ほ）の先（さき）が低（ひく）く下（さ）がっていくように、本当（ほんとう）にえらい人（ひと）はえらそうにせず、とてもていねいに人（ひと）に接（せっ）するという意味（いみ）。えらそうに頼（たの）む人（ひと）は、結局（けっきょく）、全然（ぜんぜん）えらくなれないのです。

基本の  魔法 ⑤

やめて

意地悪をされて
つらい

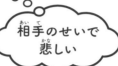

相手のせいで
悲しい

いやだったんだね、ごめん

やめてよ！

どんなときに使う？

★ 意地悪をされたとき
★ たたかれたとき

効果は？

★ 相手にわかってもらえる
★ まわりの人に気づいてもらえる

つらいことから脱出する
ストップ魔法

　友だちから意地悪な悪口を言われた、家族に自分のものを勝手に使われた……。

　相手のせいで、悲しくて、いやな気持ちになったときには、「やめて」という言葉をとなえてみましょう。

　相手はきみがいやがっていることを、わかっていないのかもしれません。そうやってきちんと「やめて」と言えば、「あ、ごめん」とやめてくれることもあります。

　また、そうやって「困ってます!」「つらいです!」という合図を出すと、周りの人が「どうしたの?」「やめてあげなよ」と味方になって助けてくれます。

　がまんしていると、相手はそのことをずっと続けて、きみのいやな気持ちもずっと続きます。「やめて」の魔法をとなえてピンチから脱出しましょう。

英語で言うと?

ノー　ストップ　イット
No! Stop it!
イヤだ!　やめて!

29

こんな風に使おう！

1 やめて！！

すごくつらかったり、今すぐにやめてほしかったり
したら、大きな声で「やめて」をとなえましょう。
周りの人もきみのピンチに気づきやすくなります。

2 〜だから、やめてほしい

「〜だから」と理由を添えると、納得してくれや
すくなります。

3 やめなよ

ほかの人がピンチのときに、「いやがってるよ、
やめなよ」と救ってあげられれば、魔法の達人
です。

MISSION

今日からやってみよう！

☐ がまんしないで
「やめて」と言ってみる

☐ しつこく続けられたら、
しつこく言い続ける

☐ 誰かが「やめて」と言っていたら、
「どうしたの?」と声をかける

"ことわざ"の魔法を学ぼう！

「清水の舞台から飛び降りる」

山の高いところに造られた清水寺から飛び降りるように、すごく勇気を出す様子。「やめて」と声を上げるのはとても勇気がいることですが、がんばった分だけいいことがあります。

いいね!

すごいな!

うらやましいな!

そのバッグかわいいね

ありがとう

どんなときに使う?

★ 素敵なものを見たとき

★ いいアイデアを聞いたとき

効果は?

★ 相手がうれしくなる

★ 自分もお返しをもらえる

相手が超うれしくなる
ほめ魔法

友だちが大事にしているオモチャを見せてくれた、家族が新しい洋服を着ている……。

相手が持っているモノや話の中身が、かっこいい、かわいい、素敵だなと思ったら、その気持ちを「いいね!」という言葉で伝えましょう。

そうすると相手は、お気に入りのものがほめられて、とてもうれしくなります。もっときみと話したい、もっと仲良くなりたいという気持ちになります。きっとお返しに、きみのこともほめてくれるでしょう。

どれだけ心の中で「いい!」と思っても、口に出して言わないと、相手はうれしい気持ちになれません。少しでも「いい!」と思ったら、すぐに「いいね!」の魔法でほめるようにしましょう。

英語で言うと?

ワオ　ザッツ　ナイス
Wow! That's nice!
わー!　いいね!

こんな風に使おう！

すごい！

むりにほめようと思わなくても、感じたことをその
まま口にすれば、立派な魔法です。

よかったねー

相手が喜んでいるなら、そのことを喜んであげま
しょう。相手の喜びは2倍にも3倍にもなります。

かわいい！

心が動いたときに使える万能のことばです。

MISSION
ミッション

今日からやってみよう!
（きょう）

- ☐ 「いいね!」とほめる

- ☐ 「よかったね」とお祝いする
（いわ）

- ☐ 「やったね!」と一緒に喜ぶ
（いっしょ）（よろこ）

"ことわざ"の魔法を学ぼう!
（まほう）（まな）

「 魚心あれば水心 」
（うお ごころ）（みず ごころ）

魚のほうが仲良くなろうとすれば、水のほうもそれに応じようとする、とい
（さかな）（なか よ）（みず）（おう）
う意味。自分からほめて好意を示せば、相手もきっとやさしく応えてくれ
（い み）（じ ぶん）（こう い）（しめ）（あい て）（こた）
ます。

基本の 魔法 ⑦

一緒に～しよう

楽しくて
うれしい

もっと楽しく
なりたい

ひとりより
たのし〜い‼

どんなときに使う?

★ 遊ぶとき
★ 食べるとき

効果は?

★ もっと仲良くなれる
★ 仲間になれる

36

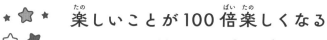楽しいことが100倍楽しくなる

お誘い魔法

大好きなアニメを見る、お気に入りのゲームで遊ぶ、おいしい給食が目の前にある……。

これから、うれしいことや楽しいことをする、というときには、近くにいる人に「一緒に〜しよう」と誘いましょう。

そうやって、好きな人と一緒に楽しいことをすると、ひとりでするときに比べて10倍楽しくなります。しかもその楽しさは相手にも伝わるので、100倍仲良くなれます。

「一緒に〜しよう」の魔法をとなえると、相手は「誘ってくれた!」とうれしくなり、すぐにお返しに「これも一緒にやろうよ」と誘ってくれるでしょう。

そういうことを繰り返すうちに、きみと相手はかけがえのない「仲間」「友だち」になっていくのです。

英語で言うと?

Let's play together!
一緒に遊ぼうよ

○○ちゃんと一緒にやりたい

きちんと名前を呼んで誘うと、相手はもっとうれしくなります。

みんなで一緒にやろうよ

目の前の人だけでなく、たくさんの人を巻き込んでみましょう。

ちょっとつきあってくれる？

めんどうくさい用事も好きな人と一緒にやると楽しくなります。気軽に誘いましょう。

（ミッション）

今日からやってみよう!

- [ ] いつもひとりでやっていること を「一緒にやろう」と誘う

- [ ] いつもひとりでやっていること を「みんなでやろう」と誘う

- [ ] 誘ってもらったら 「ありがとう」を言う

"ことわざ"の魔法を学ぼう!

「竹馬の友」

幼いときから同じ遊具で遊んだほどの、仲のいい幼なじみ、という意味。ケンカしないで一緒に仲良く遊ぶと、その人とは一生の友達になることができます。

第2章

だい しょう

応用の

おう よう

しろ

魔法23

ま ほう

次は、応用の白魔法じゃ。

このことばをマスターすると、
自分の意見を堂々と言えたり、
人と協力したり、おとなや先生と
うまく話せるようになるぞ。
家族以外と話すときこそ、
使いたいことばばかりじゃ。

わたしは〜と思う

思ってることを
伝えたい

気持ちを
わかってほしい

私は、一番かわいい
動物はうさぎだと思う!

へえー

どんなときに使う?

★ 話し合いをしているとき

★ 何かを決めるとき

効果は?

★ 相手がわかってくれる

★ おたがいにイライラしない

絶対ケンカにならない
「わたしは」魔法

　新しいゲームで遊びたい、今日は習いごとに行きたくない、相手の言うことに賛成できない……。

　心の中に生まれた気持ちや、「～したい」「～したくない」という意見をしっかり伝えたいときは、「わたしは～と思う」という言葉で伝えましょう。

　「絶対～だよ」「だって～じゃん」と、「絶対に正しい」かのように言い切ると、相手としては「え!?」「なんで!?」とムッとして、ケンカになるかもしれません。

　あくまで「自分の気持ち」であることを伝えると、相手としては「なるほどね」「そっか、きみは～なんだね」と、わかってくれやすくなります。

　「わたしは」「ぼくは」と話し始めるだけで、相手も自分もイライラしないですむのです。

英語で言うと？

アイ　シンク　ディス　イズ　ザ　ライト　ウェイ
I think this is the right way.
わたしはこっちの道が合ってると思う

43

こんな風に使おう！

そっか、〇〇ちゃんはそう思うんだね

相手の意見に「ちょっと違うな……」と思ったときも、一度こうやって受け止めましょう。

ぼくはそうは思わない

相手の意見に強く反対したいときも、落ち着いて「ぼくはそうは思わない」と伝えましょう。

わたしは〜と思うんだよね

最後に「ね」「よね」をつけくわえると、「ねえ、あなたもそうでしょう?」というやさしい気持ちが伝わります。

MISSION

今日からやってみよう！

☐ 「わたし（ぼく）はね〜」
と話し始める

☐ 「そっか、そうなんだね」
と違う意見も受け止める

☐ 「わたしはそうは思わない」
と言う勇気を持つ

"ことわざ"の魔法を学ぼう！

「 かんでふくめるように 」

親鳥が食べ物をよくかんでからひな鳥に与えるように、相手がちゃんとわかるようにやさしく説明する様子。イライラしないで、ひとつひとつ伝えることが大事です。

応用の魔法 ②

そうだね

- 賛成したい
- 相手の話を受け止めたい

わかってくれた！うれしいなあ

そうだよね

どんなときに使う？

★ 相手が意見を言ったとき
★ どう思うか聞かれたとき

効果は？

★ 相手が安心する
★ 仲良しになれる

46

おたがいに話しやすくなる

あいづち魔法

　友だちが「このゲームおもしろいよね」と話しかけてきた、家族が「このお菓子おいしいね」と笑いかけてきた、先生が「いいクラスにしたいね」と話してる……。

「ほんとにそうだな」「わたしもそう思う」と思ったときは、「そうだね」ということばで伝えましょう。

　相手としては「あ、同じ気持ちなんだ」とうれしくなって、安心して話を続けやすくなります。さらには、「どうかな?」と、きみの意見も聞いてくれるでしょう。

　きみが黙っていると相手は「伝わってるかな」と不安になってしまいます。「そうだな」と思ったら「そうだね」と、あいづちの魔法をとなえるようにしましょう。

　そうやって、おたがいの気持ちや意見を元気よく自由に言い合えると、ふたりはますます仲良しになれるのです。

英語で言うと？

イグザクトリィ
Exactly!

そのとおりだね！

こんな風に使おう！

1 わかる！

相手が教えてくれた気持ちについて、自分も同じように感じたら「わかる」と伝えましょう。

2 なるほどねー

「よくわかった」「もっと話を続けてほしい」と思ったら、「なるほど」の魔法も効果的です。

3 ちょっとよくわからない

逆に「よくわからないな」と思ったときには、素直にそのまま伝えましょう。相手は「そっか、じゃあ違う話し方をしてみよう」と考えてくれます。

MISSION

今日からやってみよう！

☐ 「うん！ そうだね」
と言ってみる

☐ 「そっか！ なるほどね」
とあいづちを打つ

☐ 「わかるー そうだよね」
と気持ちを受け止める

"ことわざ"の魔法を学ぼう！

「 打てばひびく 」

打つとすぐにひびく楽器のように、声を掛けるとすぐに反応が返って来る様子。相手の言うことをきちんと聞いて、ちゃんと相づちを打つと、相手はとてもうれしくなります。

応用の　魔法 ③

はい!

「OK!」と伝えたい

気持ちをシャキッとさせたい

はい!!

どんなときに使う?

★ 話しかけられたとき
★ 誘われたとき

効果は?

★ やる気がわいてくる
★ おたがいに明るい気持ちになる

みんながシャキッと元気になる
返事魔法

友だちが「サッカーしようよ!」と誘ってきた、家族が「今日の夕ごはん、何がいい?」と聞いてきた、先生が「ちゃんと授業に集中してね」と注意してきた……。

ちょっとだらけた気持ちだったけど、「よし! がんばろう!」と思ったときには、いつもの「うん」ではなく、「はい!」と返事をしましょう。

そうするとまず自分の気持ちが元気になって、テンションがあがります。相手も「お! ハキハキしているね!」と楽しい気持ちになります。

おたがいが新しく明るい気持ちでものごとに取り組めるようになる。それまでのちょっと元気のない雰囲気が一気に晴れ渡る。

「はい!」の魔法にはそういうすばらしい効果があるのです。

英語で言うと?

イエス ゴット イット
Yes! Got it!

はい! わかりました!

こんな風に使おう！

はい！（手を挙げる）

返事をした勢いで手を挙げてしまえば、魔法の効き目があがります。

はい……ごめんなさい

「ごめんなさい」の魔法とセットで使うと、反省している気持ちがより伝わりやすくなります。

はい、ちょっとみんな、聞いて！

みんなに話を聞いてほしいときの呼びかけにも効果的です。

MISSION

今日からやってみよう！

☐ 「うん…」を「はい！」に変える

☐ 「はい！ わかりました！」と言ってみる

☐ めんどくさそうに「はいはい」と言わない

"ことわざ"の魔法を学ぼう！

「 木で鼻をくくる 」

紙ではなく木の棒で鼻をこすると痛くて顔をしかめてしまうことから、話しかけられても無愛想で冷たい様子。こういう態度を取ると、仲良くしてもらえなくなります。

わかりません

相手の言ってる
ことがわからない

質問したい

どんなときに使う?

★ 教えてもらっているとき
★ 困っているとき

効果は?

★ わかりやすく教えてもらえる
★ おたがいやさしい気持ちに
なる

おたがいがすがすがしい気持ちになる
正直魔法

「このゲームのルールわかる?」と聞かれた、「なんで怒ってるかわかる?」と叱られた、「この問題わかる人?」と聞かれた……。相手が言っていることや内容がわからないときは、素直に「わかりません」という言葉で伝えましょう。

そうすると相手は「正直に言ってくれたな」とすっきりして、よりわかりやすく話そうとしてくれます。

「知らない」と言うのは恥ずかしいかもしれません。「知ってるよ」とウソをつきたくなる（「知ったかぶり」と言います）ときもあるでしょう。

ですが、勇気を出して「わかりません」の魔法をとなえるだけで、相手は親切になってくれるし、自分としても正直に言えたからほっと安心する。おたがいにハッピーになれるのです。

英語で言うと?

アイ　ドント　ノウ
I don't know.
わかりません

こんな風に使おう！

駅への行き方がわかりません

「わからない……」と黙っていると、誰もきみの
ことを助けられません。

食べ方がわからないので、
教えてください

「知りたい」と強く思ったときには、そのまま
「教えてください」と頼みましょう。

ねえ、わかるでしょ！？
→ううん、わからないよ

相手が「わかってるはず」と決めつけてきたと
きにも、きちんと「わからない」と伝えましょう。

MISSION（ミッション）

今日からやってみよう！

☐ 「知（し）ってる」とウソをつくのを
　　やめる

☐ 「わかりません」と正直（しょうじき）に言（い）う

☐ 「教（おし）えてください」と素直（すなお）に頼（たの）む

"ことわざ"の魔法（まほう）を学（まな）ぼう！

「 聞（き）くは一時（いっとき）の恥（はじ）　聞（き）かぬは一生（いっしょう）の恥（はじ） 」

知（し）らないことをたずねるのはその場（ば）では恥（は）ずかしいけれど、知（し）らないまま
に過（す）ごすとずっと恥（は）ずかしい思（おも）いをするという意味（いみ）。一瞬（いっしゅん）の恥（はじ）と一生（いっしょう）の恥（はじ）、
どっちがいいですか？

だいじょうぶ?

相手のことが心配だ

何を考えてるのか知りたい

どうしたの？だいじょうぶ？

ありがとう、じつはね…

どんなときに使う?

★ 相手の変化に気がついたとき
★ 相手が困っているとき

効果は?

★ 相手はうれしくなる
★ おたがいにほっとする

相手のピンチを救う

気づかい魔法

　友だちが目の前で転んだ、家族が具合が悪そうにしている、先生が悲しい顔をしている……。

「どうしたんだろう?」「どういう気持ちなんだろう?」と心配になったときは、「だいじょうぶ?」という言葉で問いかけましょう。

　相手は「わたしのことを考えてくれてるんだ……」とうれしい気持ちになり、ほっと安心します。「だいじょうぶだよ」と答えてくれたり、「実は〜で困ってるんだけど、助けてくれる?」と相談してきたりするでしょう。

「わたしにはどうしようもない」と見過ごしていると、相手はますますつらくなってしまうし、きみも心配がどんどん強くなっていきます。「だいじょうぶ?」ととなえるだけで、相手もうれしいし、自分もほっとするし、いいことづくめなのです。

英語で言うと?

アー　ユー　オーケー
Are you OK?
だいじょうぶ?

こんな風に使おう！

1 どうしたの？　だいじょうぶ？

相手のケガや病気をなおしてあげられなくても、気づかうだけで、相手はとても元気になります。

2 何かできることある？

「助けたいよ」という気持ちを伝えるだけで、相手はとても元気になります。

3 ひさしぶり、元気だった？

軽いあいさつのように「元気にしてた？」などと聞くのも効果的です。

MISSION

今日からやってみよう!

□ ピンチの合図に気づく

□ 相手のことを気づかう
　　クセをつける

□ 「だいじょうぶ?」
　　と勇気を出して声をかける

"ことわざ"の魔法を学ぼう!

「ついた餅より心持ち」

お餅をもらうのはうれしいけれど、もっとうれしいのは「お餅をあげよう」という心づかいのほう、という意味。目に見える物よりも、気持ちや思い出のほうが大事なときがあります。

どう思う？

決められなくて迷う

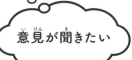

意見が聞きたい

両方!!

チョコかポテチ、どっちがいいと思う？

どんなときに使う？

★ 相談したいとき

★ ひとりで決められないとき

効果は？

★ アドバイスがもらえる

★ 相手の意見を聞ける

相手がアドバイスしやすくなる

相談魔法

　買うのはこのお菓子でいいか迷う、「今度の休みは動物園に行きたい!」と思うけど決められない、問題の解き方をひらめいたけど合ってるか不安……。

　ひとりで決められないとき、迷うときは、「どう思う?」ということばで相手に伝えましょう。

　そうすると相手としては「うん、いいと思うよ」「こっちのほうがいいんじゃない?」と、アドバイスしやすくなります。きみも「なるほどね」「やっぱりこっちにしよう」と、自信を持って決められるでしょう。

　アドバイスと違うほうを選んでもOK。でもその場合、相手としては「せっかく言ってあげたのに……」といやな気持ちになってしまうかもしれないので、必ず「ありがとう」とお礼を言うようにしましょう。

英語で言うと?

ワット　ドゥー　ユー　シンク
What do you think?
どう思う?

ぼくは～と思うんだけど、どうかな？

きちんと自分の考えを伝えてから相談すると、相手はよりアドバイスしやすくなります。

こっちは～で、あっちは～なんだけど、どっちがいいかな？

選びたいものをきちんと説明してから相談すると、頭の中がすっきりします。

どうしよう……？

あせってしまうときには、ただ「どうしよう……」と相談してもOK。無理して勝手に決めてしまうよりも、よほどいいです。

今日からやってみよう!

☐ まずは自分の頭で考える

☐ それでも決められないときは
「どう思う?」と相談する

☐ 意見をもらったらお礼を言う

"ことわざ"の魔法を学ぼう!

「三人寄れば文殊の知恵」

ふつうの人でも三人集まって意見を出し合えば、文殊(知恵の菩薩)と同じくらい素晴らしいアイデアが出る、という意味。難しいことは、自分ひとりで抱え込まないようにしましょう。

応用の  魔法 ⑦

〜が好き

自分のことを
わかってほしい

相手と
仲良くなりたい

ポテチもチョコも、
本をよむこともお布団も
すきだな〜！

どんなときに使う？	効果は？
★ あまり仲良くない人と話すとき	★ 話がはずむ
★ 話が続かないとき	★ 仲良くなれる

相手とぐっと仲良くなれる
自己紹介魔法

　隣のクラスの子と初めて会ったとき、近所のおにいさん・おねえさんと知り合ったとき……。

　相手に自分のことを知ってほしい、相手のことも教えてほしい、そうやって仲良くなりたい、一緒に楽しく遊びたい。そういうときには「～が好きなんだ」と自分の好きなものを伝えましょう。

　自分の名前や年齢を言ったあとに、自分が好きなことやもの（食べ物、ゲーム、動画、スポーツなど）についてくわしく伝えると、相手としてはきみのことがよくわかります。

　「あなたと仲良くなりたいです」という気持ちも伝わるので、うれしくなって、お返しに「ぼくもそれ好きだな」「わたしは～が好きだよ」と話してくれるでしょう。

　おたがいに話がはずんで、とても仲良くなれます。

アイ　ライク　ポテト　チップス　ヴェリー　マッチ
I like poteto chips very much!
わたしはポテトチップスが大好きなんだ

こんな風に使おう！

1 あなたは何が好き？

自分の好きなことやものについて話し終わったら、相手の話も聞いてみましょう。

2 わたしは〜が好き
→教えてくれてありがとう

教えてくれた相手にはお礼を言いましょう。

3 昨日はね、〜を食べたんだ

うまく思いつかないときは、最近食べたもの、読んだ本などを、そのまま話すといいでしょう。

MISSION

今日からやってみよう！

☐ 自分が好きなことやものに
ついて話す

☐ 相手の好きなことやものに
ついて聞く

☐ 教えてもらったら、
きちんとお礼を言う

"ことわざ"の魔法を学ぼう！

「 十人十色 」

人はそれぞれ考えや意見が異なっていて、それが自然だという意味。相手の好みを聞いて、自分と違ったからと言って「そんなの変だよ」と、はねつけないようにしましょう。

～してもいい?

すずめの吹き出し: 許しをもらいたい　　ルールを知りたい

どんなときに使う?

★ 学校で先生に聞きたいとき
★ 遊びに行きたいとき

効果は?

★ してもいいことがわかる
★ あとで怒られない

自信を持って行動できる
ルール確認魔法

　友達の家に遊びに行きたいとき、テーブルの上のおやつを食べたいとき、授業中にトイレに行きたくなったとき……。

　やりたいことがあるけれど、許してもらえるかわからない。そんなときには「〜してもいいですか?」という言葉で聞きましょう。

　そうすれば相手は「いいよ」と許してくれたり、「ごめんね、ダメなんだ」とルールを教えてくれたりします。きみとしても「怒られないかな……」とビクビクしなくてよくなりますし、「いいって言われたもん!」と自信を持って行動できます。

　「こら!」とあとで叱られるのは、とても悲しいですよね?前もって「〜していいですか?」と確かめれば、おたがいに気持ちよく過ごすことができます。

キャン　アイ　オープン　ザ　ウィンドウ
Can I open the window?
窓を開けてもいいですか?

こんな風に使おう！

1

○○ちゃんの家で遊んできてもいい？

前もって確かめるようにすれば、いろんなところ
に行きやすくなります。

2

トイレを借りてもいいですか？

お店の人に確かめれば、ていねいに場所を教え
てもらえます。

3

わたしは〜したいんだけど、いい？

「わたしは〜したい」の魔法をとなえたあと、
「いいかな？」と確かめるようにすると、願いは
かないやすくなります。

MISSION
ミッション

今日からやってみよう!

☐ 人の目を盗んでコソコソ
しない

☐ 前もって確かめるクセを
つける

☐ 「〜したいんだけど、
いいかな?」と聞く

"ことわざ"の魔法を学ぼう!

「 堪忍袋の緒が切れる 」

それまでがまん（堪忍）していた怒りが、ついに大爆発する様子。相手がこうなってしまわないように、前もってちゃんと話しておきましょう。

お願いします

どうしても
やってほしい

ていねいに
頼みたい

しょうがないなあ、いいよ

おねがいします

どんなときに使う？

★ もっと遊びたいとき

★ おとなに頼みたいとき

効果は？

★ OK をもらいやすくなる

★ 本気が伝わる

ていねいに頭を下げる
お願い魔法

どうしてもゲームをあと10分やりたい、雨だから絶対に迎えに来てもらいたい、宿題をもう少し待ってほしい……。

どうしてもやってもらいたい、心からお願いしたいときには「お願いします」という言葉を使います。そうすると、ふかぶかと頭を下げて、ていねいにお願いしている気持ちを伝えられます。

相手は「本気でお願いしてるんだな」とわかってくれて、前向きに考えてくれます。もちろん、断られるかもしれませんが「代わりにこれならどう?」と言ってくれることも。

とくに、お店の人や先生、両親など、おとなにお願い事をするときには「お願いします」の魔法が効果的。「子どもの言うことだから……」とはねつけられることが減ります。

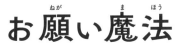

英語で言うと?

アイ ウッド ライク ザ サーモン プリーズ
I would like the salmon please.
サーモンをください。お願いします

こんな風に使おう！

1 これをください。お願いします

お店の人に注文したあとで、「お願いします」を加えるのは効果的です。

2 よろしくお願いします

もっとていねいに頼むときには「よろしく」を添えます。頭を下げるのもいいでしょう。

3 お願いできませんか？

さらにていねいに頼むときには、「お願いできませんか？」とたずねる言い方にします。

MISSION
(ミッション)

今日からやってみよう！

☐ 「やってくれて当然」と
思わず、きちんとお願いをする

☐ 「わがままを言う」のではなく
「ていねいに頼む」ようにする

☐ 「一生のお願い」と
簡単に言わない

"ことわざ"の魔法を学ぼう！

「苦しい時の神頼み」

日ごろ全然神様を信じていない人が、困ったときだけ神様を頼る様子。
同じように、苦しいときだけ都合よく助けを求めることがないよう、ふだん
から周りの人と仲良くしておきましょう。

応用の 魔法 ⑩

またね!

今日はすごく楽しかった

また会いたい

またねー!

どんなときに使う?

★ 友だちとわかれるとき
★ お店を出るとき

効果は?

★ 楽しかったことが伝わる
★ 明るく約束できる

すぐにまた会える
再会約束魔法

　一日中遊んですごく楽しかった、親戚の家で最高の夏休みを過ごした、新学年になって大好きな先生に会えなくなるかも……。

　楽しかったなあ、会えなくなるのがさみしいなあ、という気持ちが心の中に芽生えたら「またね!」という言葉で伝えましょう。

　相手は「また会いたいと思ってくれてる」「そんなに自分との時間が楽しかったんだ!」とうれしい気持ちになります。

　きみが大好きな相手は、いつどんな理由でいなくなってしまうかわかりません。

　「またね!」「うん、また遊ぼうね」「きっとだよ」「約束だよ」。そうやって、楽しい時間と思い出は積み重なっていくのです。

英語で言うと?

シー　ユー　トゥモロー
See you tomorrow!
また明日!

こんな風に使おう！

また明日！

どんなにケンカしてしまったとしても、一日の終わりには仲直りしましょう。

今日はありがとう。また来ようね！

楽しい場所に家族に連れて行ってもらったら、「ありがとう」と一緒に「またね！」の魔法もとなえましょう。

おいしかったです、また来ます

おいしいごはんを食べたあとは、お店の人に「またね！」の魔法をとなえましょう。

MISSION

今日からやってみよう!

☐ 今日が楽しかったことを
当たり前と思わない

☐ 「さよなら」「バイバイ」に
ひと言くわえる

☐ 「また会えますように」という
祈りの気持ちを込める

"ことわざ"の魔法を学ぼう!

「一日千秋の思い」

会えない一日が、まるで千年にも長く思えるほど会いたいという意味。これ
ぐらい会うのが待ち遠しい相手と仲良くしたいものですね。

ごちそうさま

ごはんが
おいしかった

また食べたいな

ごちそうさまでした！

どんなときに使う？

★ ごはんを食べ終わったとき
★ お店を出るとき

効果は？

★ みんなうれしい気持ちになる
★ もっとおいしいものが
食べられる

毎日のごはんが100倍楽しくなる
おいしい魔法

　給食がすごくおいしかった、家族が作ってくれた晩ごはんを食べてうれしい気持ちになった、焼肉屋さんでテンションが上がった……。

　ごはんを食べて、おいしかった、大満足、うれしいなあ、と思ったら「ごちそうさま」という言葉で伝えましょう。

　相手は「やったね!」「作ってよかった!」とうれしい気持ちになります。「またがんばろう」「今度は何を作ろうかな」と、やる気も出ます。

　ごはんを作ってくれた家族やお店の人に「ごちそうさま」、お米や野菜を作ってくれた農家さんに「ごちそうさま」、給食やお弁当を運んでくれたおとなたちに「ごちそうさま」。

　ごはんについてのうれしい気持ちは全部「ごちそうさま」の魔法に乗っけましょう。

英語で言うと?

サンキュー　フォー　ザ　ミール　ヴェリー　デリシャス
Thank you for the meal. Very delicious.
ごちそうさまでした。とてもおいしかったです

こんな風に使おう！

ごちそうさまー

照れくさくても、めんどうくさくても、ごはんを食べたら必ず「ごちそうさま」を言いましょう。

おいしかったー

おいしかったら、おいしかったと言いましょう。でないと、相手は「まずかったかな？」と心配になってしまいます。

いつもありがとう

ごはんは毎日のことなので、いいかげんになってしまいがち。思ったときにはすかさず「いつもありがとう」ととなえましょう。

MISSION

今日からやってみよう！

☐ 毎日ごはんを食べられることに感謝する

___

☐ ちゃんと席について
きちんと食べる

___

☐ 「いただきます」「いつもありがとう」とセットでとなえる

"ことわざ"の魔法を学ぼう！

「 鯛も一人はうまからず 」

どんなごちそうも、ひとりで食べると全然おいしくないという意味。一緒にごはんを食べてくれる人へのありがとうの気持ちを、いつも忘れないようにしましょう。

あのね

> 話を聞いて
> ほしい

> こっちを
> 向いてほしい

> お母さん、
> あのね…

> なあに？

どんなときに使う？

★ 家族や友だちに話しかけるとき
★ 先生に質問するとき

効果は？

★ 相手が聞く準備ができる
★ よく聞いてもらえる

人とのつながりが始まる
呼びかけ魔法

　昨日見た動画について友だちと話したい、家族に見てもらいたいプリントがある、先生に質問したいことがある……。こっちを見てほしい、話を聞いてほしいという気持ちが高まったときには、「あのね」という言葉で伝えましょう。

　そうすると相手は、きみのサインに気づいて「どうしたの?」「何かあったの?」と聞いてくれるでしょう。きみとしても「あ、こっちを見てくれた」「聞いてくれてる!」と落ち着いて話したいことを話せます。

　「でもさー」と突然話し始めたり、「ねえってば!」とイライラしたりするのではなく、ひと言やさしく「あのね」の魔法をとなえる。それだけで、おたがいに気持ちよく、ゆっくりと静かにお話を始めることができるのです。

英語で言うと?

ユー　ノウ　ホワット
You know what?

あのね

こんな風に使おう！

ママ、あのね、怒らずに聞いてほしいんだけど

なにか悪いことをして謝らなくちゃいけないときにも、「あのね」は効果的です。

あのね（相手の目を見る）

もじもじと下を向いたり、あさっての方向を向いたりしていては、相手は話を聞いてくれません。

すみませーん（大きな声で）

お店の人や知らないおとなに呼びかけるときには、「あのね」よりも「すみません」のほうがいいでしょう。

MISSION

今日からやってみよう!

☐ いきなり話し出さない

☐ 「○○さん、あのね」と
呼びかける

☐ ゆっくりでいいので、
最後まで話しきる

"ことわざ"の魔法を学ぼう!

「 口火を切る 」

銃の火薬に火をつけるように、会話を始めるきっかけを作る様子。話しかけられるのをもじもじと待つのではなく、自分からきっかけを作るようにしましょう。

はじめまして

- はじめて会う人にドキドキする
- 自分のことを知ってほしい

は、はじめまして

ドキ

ドキ

どんなときに使う?

★ 「自己紹介して」と言われたとき
★ 習い事にはじめて行くとき

効果は?

★ おたがい安心する
★ 会話がスムーズにはじまる

知らない人と話せる
自己紹介魔法

　はじめて会う人って、ドキドキしますよね。相手がどんな人かわからなくてこわかったり、うまく名前を言えなかったり……。

　はじめての人と話すことになってドキドキする気持ちは、「はじめまして」という言葉で相手に伝えましょう。

　相手は「この人は自分とつながろうとしてくれてるんだな」とうれしい気持ちになりますから、「はい、はじめまして」と返してくれるでしょう。

　きみとしても、なんとか話しかけられたので、ちょっと安心することができます。

　そこからは、自分の名前を言ったり、「〜が好き」の魔法をとなえたりして、相手と少しずつ仲良くなっていきましょう。

　となえるにはちょっと勇気が必要ですが、その分、とても効果のある魔法です。

英語で言うと？

ナイス　トゥー　ミート　ユー
Nice to meet you!
はじめまして！

こんな風に使おう！

1

こんにちは、はじめまして

「こんにちは」の魔法とセットで言うと、よりドキドキが減ります。

2

はじめまして、○○です

名前を言うだけで、「ちゃんとした子だな」と思ってくれます。そのあと「●歳です」と年齢を言えたらもう、完璧です。

3

こっちは○○くん。
で、こっちが□□ちゃん

おたがいにはじめて会う子がいるときには、それぞれの名前を紹介してあげましょう。

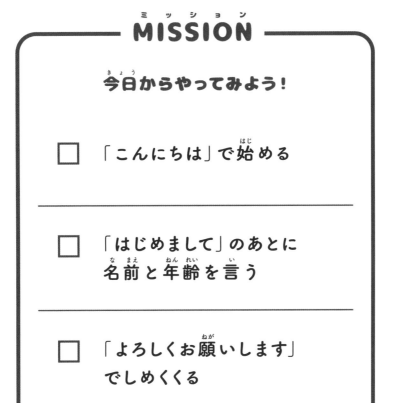

MISSION

今日からやってみよう！

☐ 「こんにちは」で始める

☐ 「はじめまして」のあとに
名前と年齢を言う

☐ 「よろしくお願いします」
でしめくくる

"ことわざ"の魔法を学ぼう！

「竹を割ったよう」

竹をタテに割ると、まっすぐに割れるように、性格や気持ちがまっすぐでさっぱりしている様子。素直に明るくほがらかに話しかければ、みんなから好かれます。

いってきます！

いい一日にしたい

おうちが大好き！

いって
きま〜す!!

どんなときに使う？

★ 登校するとき
★ 遊びに行くとき

効果は？

★ 気持ちよく送り出してもらえる
★ 相手が安心する

安心して家に帰ってこられる
出発魔法

朝学校に行く、友だちの家に遊びに行く、ちょっとコンビニまで出かける……。

元気よく出かけたい、楽しく遊んできたい。そういう気持ちが芽生えたら、それを「いってきます」という言葉に乗せて、家族に伝えましょう。

言われたほうとしては、「あ、きちんと言ってくれたな」とうれしい気持ちになります。「黙ってどこ行くんだろう?」と不安にもなりませんし、さらには、「きみが帰ってくるまでこのおうちをちゃんと守っておこう」とやる気が出るわけです。

「行ってくるね、でも、ちゃんと帰ってくるからね、それまで、おうちのことお願いね、待っててね!」と、そういう願いをひと言で表せるのが、「いってきます」の魔法なのです。

英語で言うと?

アイム オフ
I'm off!

いってきます!

こんな風に使おう！

ただいま！

「ちゃんと帰ってこられてうれしいよ、会いたかったよ」という気持ちを伝える魔法です。

いってらっしゃい！

「楽しい時間を過ごしてきてね、安全におうちに帰ってきてね、待ってるよ」という気持ちを伝える魔法です。

おかえりなさい

「楽しかった？　帰ってきてくれてうれしいよ、待ってたよ」という気持ちを伝える魔法です。

MISSION

今日からやってみよう！

- [ ] 何も言わずに家を出ない

- [ ] 「いってきます」「ただいま」を言う

- [ ] 「いってらっしゃい」「おかえり」を言う

"ことわざ"の魔法を学ぼう！

「かわいい子には旅をさせよ」

人はつらい経験を積むほど成長するから、かわいい子ほどきびしい思いをさせるべきという意味。家族がそういう気持ちで送り出してくれたときには、元気よく「いってきます！」と言いましょう。

おうよう まほう

失礼します

しつれい

まじめな場所に
ドキドキする

ばしょ

きちんとした子と
思われたい

こ

おも

職員室

先生
いるかな?

つか

★ 職員室に入るとき

しょくいんしつ はい

★ お寺や神社に入るとき

てら じんじゃ はい

こうか

★ やさしく受け入れてもらえる

う い

★ おたがいを大事にできる

だいじ

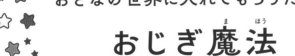

おとなの世界に入れてもらうための
おじぎ魔法

先生に呼ばれて職員室に入る、おごそかな神社に足を踏み入れる、えらい人のおうちに招かれた……。

おとなの世界やまじめな場所に入るときは、心がドキドキしますよね。怒られたくない、きちんとしなくちゃいけない……。そんな気持ちは「失礼します」という言葉で伝えましょう。

相手は「お、この子はまじめできちんとした子だな」と思ってくれて、「ようこそ」と受け入れてくれますし、きみが何をしても許してくれやすくなります。

きみとしても、おとなの仲間入りをしたような、背筋がシュッと伸びるような気持ちになりますし、自然と言葉づかいや行動もていねいになるはず。

魔法のおかげで、おたがいがおたがいに「大事な人」と思い合う空気ができあがるのです。

英語で言うと？

エクスキューズ　ミー
Excuse me.
しつれい
失礼します

こんな風に使おう！

1 失礼しました

大切な場を出るときは、「失礼しました」の魔法をとなえましょう。

2 おじゃまします

お友だちのおうちに行くときは「おじゃまします」、帰るときには「おじゃましました」をとなえましょう。

3 （ノック）失礼します（おじぎ）

魔法をとなえる前にノックをして、頭を下げると「失礼します」の魔法はより効きます。

MISSION

今日からやってみよう！

- ☐ おとなや神様がいる場所を大切にする

- ☐ 「失礼します」と頭を下げて入る

- ☐ 「失礼しました」と頭を下げて出る

"ことわざ"の魔法を学ぼう！

「親しき中にも礼儀あり」

どれだけ仲のいい人相手でも、きちんとすべきところはきちんとしましょう、という意味。「仲良しだからOKなはず」と油断しないで、相手をイヤな気持ちにさせないようにしましょう。

応用の  魔法 ⑯

楽しみ!

> ワクワクしている

> 待ちきれない

どんなときに使う?

★ 友だちと遊ぶ約束をしたとき
★ 旅行の計画が決まったとき

効果は?

★ もっと楽しみになる
★ うれしい時間が何倍にも増える

楽しい気持ちを先取りできる
ワクワク魔法

　友だちと明日遊ぶ約束をした、来週家族で遊園地に行く、先生が来月の遠足の話をしてくれた……。

　先のことなのにもう、うれしいし楽しい、ワクワクと待ちきれないときは「楽しみ!」という言葉で相手に伝えましょう。

　そうすると相手も、ワクワクした気持ちになります。その予定を、もっといいものにしようと計画してくれるでしょう。

　きみの心の中も、言えば言うほど「ああ、楽しそう!」「こんなこともしたいなあ」と、ワクワクが止まりません。

　つまり、もともと当日だけだったはずの「楽しいこと」が、何日も前からずーっと楽しくなって、うれしい時間が何倍にも増える。

　そういう夢のようにお得な効果が、「楽しみ!」の魔法にはあるのです。

アイム　ルッキング　フォーワード　トゥー　イット
I'm looking forward to it!
楽しみ!

こんな風に使おう！

1 楽しかったね！

終わってからも楽しい気持ちが続く魔法です。

2 ワクワクするー

ワクワク、ドキドキ、キュンキュン、ハラハラ……。
カタカナ言葉で気持ちを伝えるのもいいでしょう。

3 楽しんできてね！

友だちや家族に「楽しんできてね」と伝えると、
相手は出かけた先でもきみのことを思い出してく
れるでしょう。

MISSION

今日からやってみよう！

☐ 楽しい予定をたてる

☐ 「楽しみ！」と自分の気持ち
　を盛り上げる

☐ 「楽しみだね！」と相手の
　気持ちも盛り上げる

"ことわざ"の魔法を学ぼう！

「 笑う門には福来たる 」

笑顔で過ごしている家には、自然とラッキーなことがやってくるという意味。
笑って気持ちを盛り上げていると、うれしいことや楽しいことがたくさんやっ
てきます。

どういたしまして

ありがとうと
言われてうれしい

また親切にしたい

どんなときに使う?

★ 友だちに感謝されたとき
★ 先生に感謝されたとき

効果は?

★ やさしい人と思われる
★ 親切にしてもらえる

「ありがとう」の効果を高める
お返し魔法

　友だちから「ありがとう」と言われた、家族から「助かった」とほめられた、街行く人に親切にしたら喜ばれた……。「ありがとう」と言われてうれしい、こんな気持ちになれるならいつでもまた親切にしよう、そう思ったときには「どういたしまして」という言葉で相手に伝えましょう。

　「こんなのなんでもないですよ」「またいつでも言ってくださいね」という意味のその言葉を聞くと、相手は「なんてやさしい人なんだろう」とまたまたうれしい気持ちになります。そして、「今度は必ず自分が親切にしよう」と思うでしょう。

　そのように「ありがとう」の気持ちをグルグル回して、世界中が幸せになる効果が、「どういたしまして」の魔法にはあるのです。

ユー　アー　ウェルカム
You are welcome.
どういたしまして

こんな風に使おう！

またいつでも頼んで

お礼を言われてとても気分がいいときには、こう言ってもいいでしょう。

それはよかったですね！

きみが親切にしたことで、相手の困ったことが解決されたのですから、一緒に喜ぶのもいいでしょう。

ごめんね→だいじょうぶだよ

謝られたときには「だいじょうぶ」と返して、相手を安心させましょう。

MISSION

ミッション

今日からやってみよう！

☐ 「ありがとう」と言われるよう
な行動をする

☐ 「ありがとう」と言われたら
「どういたしまして」と返す

☐ 「よかったね」と
うれしい気持ちを分かち合う

"ことわざ"の魔法を学ぼう！

「 旅は道連れ世は情け 」

旅行は一緒に行く人がいると心強いのと同じように、毎日を過ごす上では
まわりの人と親切にし合うべきという意味。そうすれば安全で楽しい人生
を送ることができます。

応用の 魔法 ⑱

わかった

やるよ

そうだなあ

わかった！

おつかい
よろしくね

どんなときに使う？

★ 友だちや先生に頼まれたとき
★ 家族に宿題をするよう
　言われたとき

効果は？

★ めんどうなことでも
　やる気になる
★ 相手が安心する

110

すれ違いやイライラを防ぐ
了解魔法

　友だちから「明日遊ぼうよ」と言われた、家族から「宿題やっちゃいなさい」と言われた、先生から「プリントを配って」と頼まれた……。

　わかった、そうしよう、やります、そういう気持ちになったときは忘れずに「わかった」という言葉で相手に伝えましょう。

　そうすると相手は「あ、わかってくれたんだな」と安心します。逆に、言わないと相手は「あれ？　聞こえてないのかな？」と不安になります。

　もし、いやだなあ、やりたくないなあと思った場合も、黙りこむのはいけません。「いやだ」「あとでやる」などと別のことばで必ず返事しましょう。

　話す→返事をする→話す→返事をする。この繰り返しが、人と人の心をつなぐのです。

英語で言うと？

オーケー
OK.

わかった

こんな風に使おう！

オッケー！

ほがらかにこうとなえると、相手の気持ちも高まってうれしくなります。

了解

落ち着いてこうとなえると、相手もしっかりとまじめな気持ちになります。

いいよ！

気持ちよくこうとなえると、相手も「頼んでよかった」「話しかけてよかった」とほっとします。

MISSION

今日からやってみよう!

- ☐ きちんと相手の話を聞く

- ☐ わかったら「わかった」と言う

- ☐ なるべく早くやる

"ことわざ"の魔法を学ぼう!

「馬には乗ってみよ　人には添うてみよ」

いい馬かどうかは乗ってみないとわからないし、いい人かどうかは一緒に過ごしてみないとわからないように、なにごとも自分で経験してみるべきという意味。なんでも食わず嫌いせずにトライしましょう。

応用の  魔法 ⑲

◯分待って!

ちょっと待って!　　あとでやるから!

今たべおわるから
5分待ってね!

あそぼー!

どんなときに使う?

★ 友だちに誘われたとき
★ もう少しゲームをしたいとき

効果は?

★ 待ってもらえる
★ 相手がイライラしない

114

ちゃんと待ってもらえる
タイム魔法

　友だちから「早くおいで!」と言われた、家族から「ゲームやめてごはん食べなさい」と言われた、先生から仕事を頼まれた……。

　今、いいところだから待ってほしい、あとでやるから時間がほしい、そういう気持ちのときは、落ち着いてどれぐらい待ってほしいか考えて、「〇分待って!」と伝えましょう。

　そうすると相手は「あ、今、忙しいんだな」「〇分たったら、やるんだな」と安心できます。

　「あとで」とか「ちょっと待って」だと、相手は「あとでっていつ?」「ちょっとってどれぐらい?」とイライラしてしまいます。

　「〇分」が無理な場合でも、「〜が終わるまで」とか「〜したら必ずやる」など、なるべくはっきりした時間を魔法としてとなえるようにしましょう。

英語で言うと?

ウェイト　フォー　スリー　ミニッツ　プリーズ
Wait for 3 minutes, please!
3分待って!

こんな風に使おう！

1 今〜してるんだよ

今のきみの様子をきちんと伝えると、相手も
「あ、そうだったの？」とイライラしなくなります。

2 〜まで、今のことしてもいい？

怒られる前に、自分のほうから「今はこれをやり
たいです」と伝えましょう。

3 あとでやるのじゃ、ダメ？

今しなくちゃいけないことか、あとでもいいこと
か、相手に確かめるという手もあります。

MISSION

今日からやってみよう!

☐ 無視しない

☐ 「○分待って。そしたらやるから」と約束する

☐ 約束はきちんと守る

"ことわざ"の魔法を学ぼう!

「 時は金なり 」

時間はお金と同じぐらい大事なものだから、ムダにしてはいけないという意味。何も言わずに相手を何分も待たせることは、黙ってお金を奪っているようなもの。気をつけましょう。

がんばって

元気づけたい

見守ってるよ

がんばれー！

どんなときに使う？

★ 運動会や体育の授業で応援するとき
★ 家族が仕事や勉強をしているとき

効果は？

★ 相手がうれしくなる
★ 自分もがんばれる

みんな元気になる
応援魔法

　友だちがサッカーの試合に出る、家族が仕事で朝早く出かける、先生がプリント作りで大変そう……。

　がんばってほしい、元気づけたい、いい結果になることを祈っている。そんな気持ちのときは「がんばって」ということばで相手に伝えましょう。

　そうすると相手は「あ、見てくれてる。ひとりじゃない!」「よし、がんばろう」とうれしい気持ちになります。やる気も元気も勇気も、わいてきます。そして、今度はきみがピンチになったときには、逆に「がんばれ」と元気づけてくれるでしょう。

　「がんばって!」「わかった!　がんばる!　そっちもね!」「まかしといて!」

　このようにおたがいに魔法をかけ合うことで、人はがんばれるのです。

英語で言うと?

You can do it!
きっとできる

こんな風に使おう！

うまくいくといいね

いいことが起きるように祈るのも、「がんばって」と似た効果があります。

きっとだいじょうぶだよ

「これまでがんばってきたんだから、うまくいくはず」と声をかけるのも、いいでしょう。

なにか手伝えることある？

こう言われると「ひとりじゃないんだ」と安心して、目の前のことに集中して取り組めます。

MISSION

今日からやってみよう!

☐ がんばっている人を応援する

☐ うまくいくよう祈る

☐ 「がんばって」と応援される人
になる

「四面楚歌」

周りが敵ばかりで、助けがなくて困っている様子。目の前の相手がそうなってしまわないように、いつでも手をさしのべられる人になりましょう。

おめでとう

> よかったなあ

> 相手がうまく
> いってうれしいなあ

どんなときに使う？

★ 友だちががんばったとき
★ 家族が仕事で
いいことがあったとき

効果は？

★ 相手はもっと
うれしくなる
★ 自分もうれしくなる

うまくいったことを喜ぶ
祝福魔法

友だちがサッカーの試合でいいプレイをした、家族の仕事がうまくいった、先生のプリント作りが終わったようだ……。

よかったなあ、自分のことのようにうれしいなあ、そういう気持ちになったときには「おめでとう」という言葉で相手に伝えましょう。

そうすると相手は「あ、喜んでくれている」とうれしくなります。いいことがあって、ただでさえうれしいのに、「おめでとう」と言われると、さらにうれしくなるのです。

自分にとってうれしいことはもちろん、相手にとってうれしいことも、うれしいと感じるクセをつける。そのことを口に出して魔法としてとなえる。

そうやっていると、きみのまわりをうれしい気持ちがグルグル回ることになります。

英語で言うと？

コングラッチュレイションズ
Congratulations!
おめでとう！

こんな風に使おう！

ほんと、よかったね！

大切な相手に起きたうれしいことを、自分のことのように喜びましょう。

おつかれさま

「がんばってよかった」と、これまでの努力がむくわれた気持ちになります。

すごい！

どれだけ自分が感動したかを、そのまま伝えるのもいいでしょう。

今日からやってみよう！

□ がんばった人をたたえる

□ 自分のことのように喜ぶ

□ 「おめでとう！」と祝う

「 石の上にも三年 」

冷たい石の上でも長く座っていればいつか石も温まるように、つらい時間が続いてもいつかうまくいくという意味。相手のがんばっている様子をずっと見ていたなら、喜びも大きいはずです。

応用の 魔法 ㉒

やってみる!

うまくいくか
不安だ

失敗するのが
こわいよ

こわいけど、
やってみる!!

どんなときに使う?

★ 習い事の進級テストがあるとき
★ 友だちに新しい遊びに
　誘われたとき

効果は?

★ 挑戦できる
★ 周りに助けてもらえる

自分を励まして周りを味方につける
トライ魔法

　高いとび箱に挑戦する、初めての塾のテストで超不安、みんなの前で問題が解けなかったら泣いちゃいそう……。

　無理かも、できないかも、こわい、そう思ったときには勇気を出して、「やってみる!」と自分を励ますことばをとなえましょう。

　「うまくやらなくてもいい」「とりあえず挑戦してみるのが大事」という意味を持つこの魔法をとなえることで、まず自分の気持ちが元気づけられます。次にそれを聞いた周りの人は「すごい!」「かっこいい!」と応援してくれます。

　こわいものを「こわい」と正直に言うのもいいですが、ときには、自分を元気づけるためにも「やってみる!」の魔法をとなえましょう。

英語で言うと?

アイ　ウィル　ギブ　イット　ア　トライ
I will give it a try!
やってみる

こんな風に使おう！

やってみないとわからない

やる前にあれこれ言わず、やってみる。そのクセをつけるためにも「やってみる」の魔法は効果的です。

きっとできる

「やってみる」とセットでとなえると効果的な魔法です。

ねえ、すごくない！？

もしうまくいったら、「すごいよね！？」と、周りの人と一緒に喜びましょう。

MISSION
ミッション

今日からやってみよう！

- [ ] こわい気持ちと向き合う

- [ ] 「やってみる」とトライする

- [ ] 「よくがんばった！」と
自分をほめる

"ことわざ"の魔法を学ぼう！

「 ローマは一日にして成らず 」

かつてのローマ帝国も栄えるまでには約七百年かかったように、地道ながんばりを続けないと大成功はできないという意味。そのためにも、まずはやってみることが大切です。

○○な気持ちだよ

イヤな気持ちになった

うれしい気持ちになった

そうなんだね

ちょっとだけ
いやなきもちだよ

どんなときに使う?

★ 友だちとケンカしたとき

★ 親に叱られたとき

効果は?

★ 自分の気持ちを整理できる

★ 相手に気持ちが伝わる

感じたことをそのまま言う
ストレート魔法

　いろんな気持ちが押し寄せて何て言ったらいいかわからない、悲しいのかくやしいのかよくわからない……。

　心の中に複雑な気持ちが芽生えたら、それをそのまま「〇〇な気持ちだよ」という言葉で相手に伝えましょう。

　イヤな気持ちになったら、そう言う。うれしかったら、そう言う。困ったら、困ったと言う。どう言えばいいかわからなかったら、そのまま言うのです。

　大切なのは、伝えるのをあきらめないこと。「わたし（ぼく）は、がんばって話そうとしています」「あなたに知ってもらいたいんです」ということさえ伝われば、相手はきみと向き合ってくれます。

　そのがんばる気持ちこそが、みんなを幸せにする、最強の魔法なのかもしれません。

英語で言うと？

アイ　フィール　サッド
I feel sad.
悲しい気持ちだよ

131

こんな風に使おう！

○○と言われて、
イヤな気持ちになったよ

「ふざけんなよ」「ムカツク」よりも、ずっと効果的です。

うまく言えないんだけど…

うまく言わなくてもOK。気持ちを伝えようとすることが大事です。

まちがってるかもしれないけど…

正しいことを言わなくてもOK。気持ちを伝えようとすることが大事です。

MISSION

今日からやってみよう！

☐ きちんと感じる・考える

☐ がんばって相手に伝えようとする

☐ 「伝える」をあきらめない

"ことわざ"の魔法を学ぼう！

「 以心伝心 」

文字や言葉を使わなくても、おたがいの心と心で通じ合う様子。いつでも誰とでもこうなれたら最高なのですが、そうもいかないことが多いので、わたしたちは言葉を使って気持ちを伝えなくてはいけません。

第3章

禁断の

黒

魔法30

最後に学ぶのは、
禁断の黒魔法じゃ！
使えば使うほど、友だちが少なくなり、
やる気がなくなり、きみの
本当の気持ちは伝わらなくなるんじゃ。
ついつい使ってしまっていることばも
多いじゃろう。
気をつけるのじゃ！

でも…

どんなときに言っちゃう？

★ 言い返したいとき
★ やりたくないとき

相手はどう思う？

★ また言い訳してる
★ うんざりしちゃう

相手が話を聞いてくれなくなる

言い訳魔法

　何か言われて「それは違う」と言い返したい、無理なことを押しつけられて「絶対にイヤだ!」と怒りたい……。そんなときにはつい「でも」という言葉で話し始めてしまうはず。

　「でも、○○ちゃんの家では……」「だって、あの子が先に意地悪してきたんだもん」

　この言葉を聞くと、相手は「また言い訳?」「いつもの文句が始まった」と、うんざりして心を閉ざしてしまいます。話し合おうという気持ちがなくなってしまうのです。きみとしては意見が通らないし、相手もイヤな気持ちになってしまう。おたがいにハッピーになれません。

　「でも」「だって」という黒魔法は絶対にとなえない、と決めてしまうといいでしょう。

黒魔法の代わりに

　ふつうにそのまま「ママ、○○ちゃんの家では〜」「あのね、あの子が先に〜」と話し始めましょう。

禁断の黒魔法 ②

どうせ

どうせうまく
いかないよ

どんなときに言っちゃう？

★ 自信がないとき

★ がんばれないとき

相手はどう思う？

★ やる気がないんだな

★ 応援するのはやめよう

何ひとつうまくいかなくなる

後ろ向き魔法

　自信がなくてうまくいく気がしない、先に「ダメかも」と言っておきたい……。そんなときはつい、「どうせ」という言葉で話し始めてしまいがち。

　「どうせ、明日の発表会で賞なんか取れっこない」「どうせ、わたしなんて足を引っぱるに決まってる」

　この言葉を聞くと、相手は「え、今からあきらめてるの……」と、落ち込んでがっかりしてしまいます。きみとしても「失敗するかも」とテンションがあがらないし、周りは応援しようという気持ちがなくなってしまうし、で、誰もうれしくありません。そして本当にうまくいかなくなってしまうことも……。

　「どうせ」という黒魔法には、悪いことがずっと続く怖ろしい効果があるのです。

黒魔法の代わりに

　「きっとうまくいく」「せいいっぱいがんばる」と言うと、不思議と本当にいいことが起こります。

バカ・アホ

バカ!!

そっちこそ
バカ!!

どんなときに言っちゃう？

★ イライラしたとき
★ 相手を傷つけたいとき

相手はどう思う？

★ イヤな気持ちになる
★ 意地悪したくなる

100％自分もイヤな気持ちになる
悪口魔法

　相手のせいでイヤな気持ちになった、頭にきてむかついた……。そんなときにはつい「バカ」「アホ」という言葉を相手にぶつけてしまうはず。

　「なんだよ、バーカ！」「バカじゃないの！」

　この言葉を聞くと、相手の気持ちはとても傷つきます。イヤな気持ちになって悲しくなって、笑顔もなくなります。きみにやさしくしようとは思いませんし、なんなら「あーあ、もっと意地悪しちゃおうかな……」と考えたりもします。

　きみとしては、一瞬気持ちがスッキリするでしょう。ですが、きみにも必ずしっぺ返しがやってきます。100％必ずです。

　「バカ」「アホ」という黒魔法をとなえるときには、つらくて悲しい未来が待っていることをわかっておきましょう。

━ 黒魔法の代わりに ━

　「やめて」「どうしてそんなことするの？」と、静かにやさしく話しましょう。

141

お前

相手との関係がギスギスする
乱暴魔法

相手と話していて気持ちが高ぶった、「ねえ!」と強く文句を言いたい……。そんなときにはつい「お前」と言ってしまうかも。

「お前なんか」「だいたいお前がさ……」

この言葉は、聞き慣れてない人だとビクッとおどろいてしまいます。「何を言われるんだろう?」「怒られるのかな?」と身を固めてしまうのです。

きみとしてはふつうに呼びかけたつもりなのに、怖がられてしまう。周りの人の目にも、まるできみが勝手に怒っているように見えてしまうでしょう。

「お前」の黒魔法は、その場の空気を荒々しくする効果があるので、使う場所とタイミングを考えるようにしましょう。

黒魔法の代わりに

どれだけ気持ちがたかぶっても「○○さん」「あなた」と呼ぶようにしましょう。

〜しないと

言うこときかないと
石にしちゃうぞ！

どんなときに<ruby>言<rt>い</rt></ruby>っちゃう？

★ <ruby>言<rt>い</rt></ruby>うことを<ruby>聞<rt>き</rt></ruby>かせたいとき

★ <ruby>自分<rt>じぶん</rt></ruby>の<ruby>思<rt>おも</rt></ruby>いどおりにしたいとき

<ruby>相手<rt>あいて</rt></ruby>はどう<ruby>思<rt>おも</rt></ruby>う？

★ <ruby>言<rt>い</rt></ruby>うこと<ruby>聞<rt>き</rt></ruby>くけど、イヤだな

★ いつか<ruby>仕返<rt>しかえ</rt></ruby>ししてやる

最後には必ず損をする
おどし魔法

　どうしても言うことを聞かせたい、相手を思いどおりにしたい……。そんなときにはつい「〜しないと」という言葉でおどしてしまうかも。

　「〜しないとたたくよ」「〜してくれないと家出するから」
　こうされると、相手はきみをこわがってその場ではいうことを聞くかもしれません。ですが、心の中は「なんだよ」とイライラしています。いつかチャンスがあれば、きみのことを傷つけようと思うことになります。しかもこの「おどし黒魔法」はすぐに相手が慣れてしまって、こわがってくれなくなるという弱点もあります。

　相手には恨みの気持ちが残るし、すぐに慣れてしまう……。「〜しないと」という黒魔法は、何度も使えないとわかっておきましょう。

黒魔法の代わりに

言うことを聞いてほしければ「〜してください」とまっすぐに頼むしかありません。

禁断の 魔法 ❻

みんなやってる

いでよ、
「みんな」〜！

どんなときに言っちゃう？	相手はどう思う？
★ どうしてもやりたいことがあるとき	★ 本当かな？
★ おとなを説得したいとき	★ ズルい言い方だな

相手が意地になってしまう
みんな魔法

　クラスのみんなと同じものを買ってほしい、ほかの子とちがうことをするのが恥ずかしい……。そんなときにはつい「みんなやってる」という言葉でお願いしたくなるでしょう。
「みんな持ってるから買ってよ」「みんなも行くって!」

　相手は一瞬「そうなんだ……」と気持ちが動きそうになります。ですが、すぐに「ん?　本当?」「みんなって誰?」と、かえってさめてしまうのです。「ズルい言い方だな」と逆に言うことを聞いてくれなくなることも。

　せっかくそれまでがんばってお願いしてたのが、一瞬でムダになってしまうでしょう。

　「みんな」の黒魔法は、相手が意地になってしまうことがほとんどなので、注意が必要です。

黒魔法の代わりに

「わたしが買ってほしい」「ぼくが好きなんだ」と、自分の意見として言いましょう。

禁断の🧙‍♀️魔法 ❼

〜のせい

どんなときに言っちゃう？

★ 言い訳したいとき
★ 自分が叱られたくないとき

相手はどう思う？

★ そういうことじゃなくてさ……
★ 言い訳ばっかりだな

大切なことが見えなくなる
犯人探し魔法

　叱られてるけど、自分のせいじゃない、ほかの人だって悪いんだ……。そんなときにはつい「～のせい」という言葉で言い訳したくなるでしょう。

　「でも、ぼくのせいじゃないよ！」「だって先生だって悪いんだから！」

　これを言われると、相手は「うわ、話がずれちゃったよ……」と困ってしまいます。

　失敗したときに大事なのは、「これからどうすればいいか」ということ。それなのに「誰が悪い」「いや、誰のせいだ」と犯人探しが盛り上がってしまうと、話はぜんぜん解決せず、ギスギスした空気だけが残ります。

　「～のせい」の黒魔法をとなえると、きみも相手も大切なことが見えなくなってしまう効果があることを、知っておきましょう。

黒魔法の代わりに

「どうすればよくなるか」を第一に考えるようにしましょう。

禁断の黒魔法 ⑧

死ね

死神 出てこ——い!!

どんなときに言っちゃう?

★ ひどいことを言いたいとき
★ 自分がイヤな気持ちだと
　 伝えたいとき

相手はどう思う?

★ 暗い気持ちになる
★ 泣きたい気持ちになる

おとなの心にひどいダメージを与える
最凶最悪魔法

　相手にひどいことを言ってやりたい、自分の気持ちが落ち込んだことを伝えたい……。そんなとき、つい「死ね」という言葉を使ってしまうこともあるでしょう。

　「死んじゃえ！」「もう死にたい……！」

　これを言われると相手は、一瞬でものすごく暗い気持ちになります。とくにおとなは、これまでの人生で身近で大切な人が亡くなったことがあります。そのときのことを思い出して、本当に本当に悲しくつらく、泣き出したい気持ちになるのです。きみが思うのとは、ちょっとダメージのレベルが違います。

　ですから、まちがっても冗談や軽い気持ちで「死ね」の黒魔法をとなえるのはよしましょう。となえるのには、本当の本当のとき、すごくすごく強い気持ちのときだけ、です。

黒魔法の代わりに

「死ね」は呪われた魔法。口にするときには大変な覚悟が必要です。

うんこ

どんなときに言っちゃう?	相手はどう思う?
★ ひどいことを言いたいとき	★ きたないなー
★ ふざけたいとき	★ 子どもだな

完全に子ども扱いされてしまう
うんちん魔法

　むかついた相手にひどいことを言ってやりたい……。おとなが顔をしかめるようなことをしておどけたい……。そんなときにはつい「うんこ」「ちんこ」と言いたくなるかもしれません。

　「うんこ野郎！」「ちんこ、ちんこ～！」

　これを言われると相手は、きみのことを「あー、子どもだなー」と思います。もちろんそのおかげで、やさしくしてくれることもありますが「子ども扱い」してくる場合がほとんど。きみの意見をまともに聞こうとはせず、きみがいやがることを「いいからやりなさい」と押しつけてくる。

　もしそうされるのがイヤなら、どれだけとなえたくなっても、「うんこ」の黒魔法はがまんしたほうがいいでしょう。

黒魔法の代わりに

言わないのがいちばん。弟や妹が言っても、涼しい顔でやり過ごせたら、グッとおとなに近づきます。

むり！

どんなときに言っちゃう？	相手はどう思う？
★ やりたくないとき	★ がっかり……
★ 断りたいとき	★ もう話したくない

相手と絶交することになる
完全拒否魔法

　何か頼まれた、言われた。でも、そんなことはできない！絶対にやりたくない……。そんなときにはつい「むり！」という言葉で断りたくなるかもしれません。

　「え？　むり」「そんなのできないよ！」

　これを言われると相手は、すごくがっかりします。「これ以上、話すことはありません」「だって、むりなものはむりなんだから」と、強く断られた気持ちになるからです。悲しい気持ちとともに「そっか……」と、それ以上の会話をあきらめてしまうことになります。

　もしきみの中で「やってあげてもいいかも……」「うーん、がんばりたいけど、やり方がわからない……」など、少しでも可能性があるなら（そして、相手と仲良くしたい気持ちがあるなら）、気やすく「むり！」の魔法をとなえないほうがいいでしょう。

黒魔法の代わりに

「イヤだ」「やりたくない」のほうがまだマシ。話し合いの可能性が残ります。

155

きらい

★ あまり好きじゃなかったとき
★ 文句を言いたいとき

★ 困ったな
★ 何をあげればいいんだろう

好きなものが手に入らなくなる
イヤイヤ魔法

好みの味じゃなかった、好きな洋服じゃなかった……。そんなときにはつい「きらい」と言ってしまいたくなるかもしれません。

「これ、きらい!」「これ、まずい。好きじゃない」

こう言われると相手は「これもダメなんだ」「じゃあ、何が好きなの?」と困ってしまいます。そのうち「あー、もういいや」「好きにしなさい」と、きみに何かをすすめたり、あげたりすることをあきらめてしまうことになります。

結果として、きみがきらいなものだけでなく、好きなものももらえなくなるのです。

「きらい」の黒魔法をとなえればとなえるほど、「好きなもの」からも遠ざかってしまうことを知っておきましょう。

黒魔法の代わりに

「こういうのが好き」「こっちのほうがいい」と言うと、相手は気持ちよくあげたくなります。

キモい

みんな
キモ〜い！

どんなときに言っちゃう？

★ 相手の見た目がイヤなとき

★ 意地悪したいとき

相手はどう思う？

★ 悲しくてたまらない

★ どうしたらいいかわからない

相手を思い切り傷つける
反則魔法

　話し方や見た目がなんか気持ち悪い。うまく理由は言えないんだけど近寄らないでほしい……。そんなときにはつい「キモい」という言葉で相手をはねのけてしまうことも。
「やだ、キモい」「キモ！」

　これを言われると、相手はすごく傷つくし、混乱します。どうしてきみにきらわれているか、どこが悪いのかわからなくて、直しようがないからです。「あなたが何をがんばっても、わたしはあなたのことをきらいです。理由なんてありません。あっちへ行って！」と、厳しく強くきらう言葉、それが「キモい」なのです。

　ですから、気軽に「キモい」の黒魔法をとなえるのはとても危険。これからもおつきあいする可能性のある人には、となえないほうがいいでしょう。

黒魔法の代わりに

　本当に心の底から大きらいな相手を遠ざけたいときだけ、となえましょう。

ウザい

どんなときに言っちゃう?

★ イライラするとき

★ ほうっておいてほしいとき

相手はどう思う?

★ どうしたらいいのかわからない

★ 相手にしたくない

頭がどんどんバカになる
思考停止魔法

　うるさいことを言われてうっとうしい、自分の思うとおりにならなくてイライラする……。そんなときにはつい「ウザい」とぼやいてしまうかもしれません。

　「は？　ウザいんだけど」「もう、ほんとウザい！」

　これを言われると、相手は困ります。なぜなら、何がウザいのかわからないからです。きみとしても、どうしてイライラするのかわからない、うまく言葉にできないから、とりあえず「ウザい」と言ってしまっているはず。

　とりあえずパッと口にしやすいから、自分の頭で考えなくなる。そうやってきみの頭がどんどんバカになってしまう、それが「ウザい」の黒魔法のこわいところ。となえすぎには注意しましょう。

黒魔法の代わりに

「こう言われるのがイヤ」「〜しないでほしい」と、自分で考えた気持ちを言いましょう。

ヤバい

どんなときに<ruby>言<rt>い</rt></ruby>っちゃう？

★ いいことがあったとき
★ <ruby>悪<rt>わる</rt></ruby>いことがあったとき

<ruby>相手<rt>あいて</rt></ruby>はどう<ruby>思<rt>おも</rt></ruby>う？

★ どうしたんだろう？
★ よくわからないな

本当の気持ちがわからなくなる
便利すぎ魔法

テストができなかった、ピンチ！　おいしいアイスを食べた、最高！　……どんなときにもつい「ヤバい」と言ってしまってませんか？

「昨日のテスト、ヤバかった」「このアイス、まじヤバい！」相手としてはいまひとつ、きみの気持ちがわかりません。焦ったの？　こわかったの？　おいしかったの？　珍しかったの？　実はきみとしても、自分の気持ちがよくわからないままに「ヤバい」でかたづけてしまっていませんか？

どうテンションが上がったのか。どのように気持ちが動いたのか。それをきちんと感じずに、なんでもかんでも「ヤバい」の黒魔法で伝えていると、せっかくの自分の感覚があいまいになってしまいます。気をつけましょう。

黒魔法の代わりに

「ヤバかった、まじで焦った」「ヤバい、超おいしい」など、自分で感じた気持ちも添えましょう。

163

禁断の黒魔法 ⑮

なんでもいい

なんでも
いいよ！

どんなときに言っちゃう？

★ 思いつかないとき
★ ほかに夢中なことがあるとき

相手はどう思う？

★ 相手にしてもらえてない
★ 適当でいいや

164

相手のやる気がゼロになる

なげやり魔法

食べたいものが特にない、遊びに行きたいところが思いつかない……。そんなときにはつい「なんでもいい」と言ってしまいがち。

「ん？ なんでもいいよ」「どこでもいい」

この言葉を聞くと相手は、がくっとやる気がなくなります。まるできみが「そんなに楽しみじゃないよ」「盛り上がってるのはそっちだけですよ」と言っているように聞こえるからです。ワクワクした気持ちを失った相手は、「なんでもいいなら、適当にしよう」と、がんばろうとしなくなります。結果、きみも相手もどんどんさみしくて、つまらなくなっていきます。

「なんでもいい」の黒魔法をとなえると、相手も自分もテンションが下がるということを知っておきましょう。

黒魔法の代わりに

思いつかなくても「どうしよっか」「どこがいいかなあ」と、一緒に考えるといいでしょう。

デブ・ブス

どんなときに言っちゃう?

★ むかついたとき
★ ひどいことを言いたいとき

相手はどう思う?

★ 悲しくてつらい
★ ひどいことを言う残念な人だ

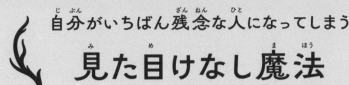

自分がいちばん残念な人になってしまう
見た目けなし魔法

相手にすごくむかついた、ひどいことを言ってこらしめたい……。そんなときについ「デブ」「ブス」などとひどいことを言ってしまうことがあるでしょう。

「○○ちゃんはデブだから!」「うるせーブス!」

この言葉を聞くと相手は、確かに傷つきます。悲しくてつらい気持ちになるでしょう。ですが、同時にきみの評判も傷つきます。周りのみんなはきみのことを「残念な人だ」「悲しい人だ」と、見下すようになります。

人のことを悪く言う悪口にはいろいろありますが、とくに「見た目についての悪口」は、言った人自身が、心が汚い最低の人間に見えてしまう効果があります。

「デブ」「ブス」の黒魔法は、それをわかった上でとなえるようにしましょう。

黒魔法の代わりに

どんなに頭にきても、見た目のことは言わないようにしましょう。

～のくせに

ハ、ハムスターのくせに
生意気な!!

どんなときに言っちゃう?

★ 意外な人ががんばったとき
★ 意外な人から注意されたとき

相手はどう思う?

★ 心の狭い人だ
★ 仲良くするのはやめよう

心の狭さがバレてしまう
決めつけ魔法

　ふだん見下していた相手ががんばってるのを見てびっくりした、意外な人から注意されてあわてた……。そんなときはつい「～のくせに」と憎まれ口を言ってしまうかもしれません。「ブスのくせに調子に乗っちゃってさ」「弟のくせにえらそうなんだよ」

　この言葉を聞くと相手は、恥ずかしい気持ちになって、これからは控えめにしようと思うかもしれません。きみの心は一瞬晴れるでしょう。ですが、同時に周りの人は、きみのことを「そうやって人のことを決めつける人なんだな」「心の狭いイヤな人だな」と思います。当然「そういう人と関わるのはよそう」と、遠ざかるでしょう。

　「～のくせに」は、きみのまわりからどんどん人をいなくさせる、さみしい黒魔法なのです。

黒魔法の代わりに

相手にびっくりさせられても、よけいなことは言わないようにしましょう。

169

うるさい

\ パタン /

どんなときに言っちゃう？

★ 何度も注意されたとき

★ ほっといてほしいとき

相手はどう思う？

★ 勝手にしたら

★ もう助けてあげない

人の手助けを得られなくなる
黙って！魔法

何度も注意されてわずらわしい、わかってるから黙っててほしい……。そんなときはつい「うるさい」と言ってしまうかもしれません。

「わかってるよ、うるさいなあ」「ああもう、うるさい！」

相手は「そっちが言うこときかないからでしょ！」「こっちだって言いたくないよ」と、初めのうちはイライラします。ですが、そのうち「好きにしなさい」「もう言わない」とウンザリしてしまいます。そうすると、きみはすべてのことを自分でやらなくちゃいけません。助けてほしいときや教えてほしいときでも、相手はもうそこにいませんし、いたとしても何も言ってくれません。

「うるさい」の黒魔法には、そういう効果もあることをわかった上で、となえるようにしましょう。

黒魔法の代わりに

一生無視されてもいいなら、となえて OK です。

はいはい

はいはい、
聞いてるよ

どんなときに言っちゃう?

★ とりあえず返事をしておくとき

★ わかったふりをするとき

相手はどう思う?

★ 聞いてもらえていない

★ バカにされた

なぜかもっと怒られる
聞き流し魔法

　納得はいかないけれどわかったふりをしよう、返事をしないと怒られるから返事だけはしておこう……。そんなときはつい「はいはい」と受け流してしまいがち。

　「はいはい、わかりました」「はいはい、ぼくが悪かったです」

　本当は全然わかってないことがバレバレなので、相手はとても怒ってしまいます。せっかくきちんと話してるのに、バカにされたような気持ちになって、泣けてきます。

　きみとしては軽く流そうと思ったのに、何度も言われたり、ガミガミ注意されたり、逆にめんどうなことになります。

　「はいはい」の黒魔法には、そういう効果があることを知っておきましょう。

黒魔法の代わりに

相手の顔をきちんと見て話を聞きましょう。そのほうが怒られません。

めんどくさい

ぜーんぶ
めんどくさすぎ

★ **どんなときに言っちゃう?** <ruby>言<rt>い</rt></ruby>

★ 何もしたくない <ruby>何<rt>なに</rt></ruby>

★ ほかにやりたいことがある

★ **相手はどう思う?** <ruby>相手<rt>あい て</rt></ruby> <ruby>思<rt>おも</rt></ruby>

★ やる気のない人だ <ruby>気<rt>き</rt></ruby> <ruby>人<rt>ひと</rt></ruby>

★ 一緒にいても楽しくない <ruby>一緒<rt>いっ しょ</rt></ruby> <ruby>楽<rt>たの</rt></ruby>

ダメダメ人間になってしまう
めんどう魔法

　気乗りしないからやりたくない、やりたいことだけやってたい……。そんなときはつい「めんどくさい」という言葉を言ってしまうかもしれません。

　「イヤだよ、めんどくさい」「なんでそんなめんどくさいことするの?」

　「めんどくさい」の黒魔法は、一度となえるとクセになってしまう効果があります。早起きがめんどくさい、学校行くのもめんどくさい、ごはん食べるのもめんどくさい……。

　前は普通にできてたことも、どんどん「これもめんどくさいかも……」という気持ちになってくるのです。もちろん、ワクワクした気持ちも減っていきます。

　「めんどくさい」は、自分をどんどんダメ人間にしていくこわい黒魔法なのです。

黒魔法の代わりに

　「楽しそう」「やります」も、一度となえるとクセになる魔法です。

たいしたことない

た、たいしたこと
ないじゃん

どんなときに言っちゃう？

★ 自分のほうがすごいと言いたいとき
★ 友だちがほめられてうらやましいとき

相手はどう思う？

★ せっかくがんばったのに
悲しい
★ そっちこそたいしたことない

自信がない人と思われる
やっかみ魔法

人のやってることがしょぼく見える、自分のほうがもっとすごい……。そう思ったとき、つい「たいしたことない」とやっかんでしまうことも。

「なにそれ、たいしたことないじゃん」「は？ そんなの知ってるよ」

相手は、自分がやったことをダメだと言われるのですから、当然いい気はしません。そして、きみのやったことに対しても「そういうそっちは、どうなの？」と厳しくチェックするようになります。さらに周りの人はきみのことを「自信がないからそうやって人の文句を言うんだな、たいしたことない人だ」と思ってしまいます。

「たいしたことない」の黒魔法は、すぐに自分に返ってきてダメージを負うので、となえないほうがいいでしょう。

黒魔法の代わりに

「すごいね」「かっこいいね」と言っていると、すごくてかっこいい人になれます。

○○ちゃん ばっかり！

なんで〜 ズルい〜

どんなときに<ruby>言<rt>い</rt></ruby>っちゃう？	<ruby>相手<rt>あいて</rt></ruby>はどう<ruby>思<rt>おも</rt></ruby>う？
★ ほかの<ruby>人<rt>ひと</rt></ruby>がうらやましいとき	★ <ruby>人<rt>ひと</rt></ruby>のことばっかり<ruby>見<rt>み</rt></ruby>てるな
★ ズルいと<ruby>思<rt>おも</rt></ruby>うとき	★ かわいそうな<ruby>子<rt>こ</rt></ruby>だな

自分が消えてなくなってしまう
ねたみ魔法

ほかの人が楽しそうなのがうらやましい、その子だけひいきされていて頭にくる……。そういうときつい「○○ちゃんばっかり！」とねたんでしまうこともあるでしょう。

「○○ちゃんばっかりずるい」「○○くんの家はいいな〜」そうやってほかの人のことばかりを見ていると、自分のことに目がいかなくなります。おいしいごはんや、楽しい家族、平和な毎日……。そういう自分自身の幸せに気づかず、他人をうらやんでばかりいると、毎日がつらくなります。

しかもそれを言ったからといって、周りの人がきみにやさしくしてくれるかというと、そんなことはありません。「ほかの人のことばかり見ている、かわいそうな子だな」と思うだけです。「○○ちゃんばっかり！」と他人をうらやむ魔法に、あまりいい効果はなさそうです。

黒魔法の代わりに

「○○ちゃんのことがうらやましいから、わたしもがんばる」と言えば、いい魔法になります。

禁断の黒魔法 ㉓

何やってんの!?

どんなときに言っちゃう?

★ 失敗した人に突っ込みたいとき

★ みんなで笑いたいとき

相手はどう思う?

★ 恥ずかしい

★ 笑わないでほしい

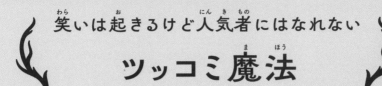

笑いは起きるけど人気者にはなれない
ツッコミ魔法

　ほかの人が失敗したのをおもしろがりたい、みんなに知らせて笑いたい……。そんなとき、ついお笑い芸人さんのように「何やってんの!?」とつっこんでしまいがち。

　「ちょっと、何やってんの?」「おいおい、またかよー」

　たしかに、周りの人は一緒になっておもしろがってくれるかもしれません。笑いが起きることもあるでしょう。ですが、きみのことは「おもしろくて楽しい人」ではなく「困ってる人をいじる人」「えらそうにいじめる人」という目で見るでしょう。もちろん失敗した人は恥ずかしくてイヤな気持ちになります。結果、きみが人気者になることはないのです。

　「何やってんの!?」と人の失敗を笑う黒魔法は、意外と笑えないことになるので気をつけましょう。

黒魔法の代わりに

「だいじょうぶ?」「大変だったね」とかばう人のほうが、最後は人気者になれます。

まちがってるよ

それって あなたの感想 ですよね？

どんなときに言っちゃう？

★ 相手がまちがったとき

★ 自分のほうが賢いと 言いたいとき

相手はどう思う？

★ 恥ずかしい

★ そっちだってまちがってる

論破魔法

　筋が通ってないことを言っている人にイライラする、自分の賢さを教えてあげたい……。そういうとき、つい「まちがってるよ」と言ってしまうかも。

　「言ってることおかしくない?」「それってただの感想だよね?」

　言い負かされたほうは、悔しくて恥ずかしい気持ちになります。きみの話すことについても、なんとかまちがいさがしをしてやろうと思うでしょう。しかもそれを言ったからといって、まわりの人が「頭いい!」と感動してくれるとかというと、そうでもありません。「冷たい人だ」「えらそうな人できらい」と思うだけです。

　「まちがってるよ」の黒魔法は、自分が満足するだけで、マイナスの効果のほうが大きそうです。

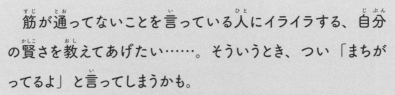

黒魔法の代わりに

　「そっかー」「そうかも」と相手の話を受け止められる人のほうが、実は賢いのです。

はぁ？

どんなときに言っちゃう？

★ 相手の言うことを聞きたくないとき
★ 何を言っているかわからないとき

相手はどう思う？

★ バカにされた
★ ケンカを売られた

相手にケンカをふっかける

聞き返し魔法

　この人のこときらいなんだよな、さっきから何言ってるかわからないな……。そう思ったとき、つい「はぁ?」と言ってしまうことがあるかもしれません。

　「はぁ?」「何言ってんの?」

　これを言われた相手は、カチンときます。バカにされていることが、すぐに伝わるからです。「頭にきた」と思って、きみにつらくあたろうとするでしょう。するときみは「だからきらいなんだよ、バカ」と思うはず。キリがありません。

　気の合わない人、つきあいたくない人は、世の中にいます。そういう人に対しては「はぁ?」の黒魔法でケンカを売るのではなく、なるべく関わらないようにするのがいいでしょう。もちろん、仲のいい人、好きな人に対しては、まちがってもとなえてはいけません。

黒魔法の代わりに

本当に聞き返したいときには「ごめん、もう一度言ってくれる?」と言うといいでしょう。

そっちだって

どんなときに言っちゃう？

★ 自分のせいじゃないと思うとき
★ 相手も悪いと思うとき

相手はどう思う？

★ 自分のせいにしてきた
★ 言い訳している

なぜか言い訳に聞こえてしまう
話そらし魔法

　叱られているけど納得いかない、相手も悪い、だいたい先にやってきたのはそっちじゃないか……。そう思ったとき、つい「そっちだって」と言い返してしまうかも。

　「でも、そっちだってさ～」「○○ちゃんだってやってるのに」これを言われた相手は「うわ、謝らないつもりだ」と悲しい気持ちになります。「今はきみのことについて話しているのに、なんでほかの人のことを話すんだろう」と困ってしまうのです。

　そうなってしまった相手には、どれだけきみの意見が正しくても聞いてもらえないでしょう。きみとしてはますます「不公平だ……」「なんで自分ばっかり……」とつらい気持ちになるはず。

　「そっちだって」の黒魔法は、相手の耳が閉じてしまう効果のほうが強いようです。

黒魔法の代わりに

　「ごめんなさい」と謝ってちゃんと自分の話が終わってから、「そっちもさ～」と話すようにしましょう。

べつに……

べつに…

どんなときに言っちゃう?

★ 言いたいことがないとき
★ 興味がないとき

相手はどう思う?

★ きらわれてるのかな
★ 話を聞いてもらえてない

冷たくてつまらない人になる
盛り下げ魔法

　聞かれたことに対して特に言いたいこともない、そもそも相手の話に興味がない……。そう感じたときについ「べつに……」と返してしまうことがあるはず。

　「べつに……」「ふつう……」

　これを言われた相手は「あれ、話がはずまなかった」「自分のことをきらいなのかな」と恥ずかしくて悲しい気持ちにもなります。もしかしたら、きみとしては「何も思いつかないよ」ぐらいの気持ちなのかもしれませんが、相手には「もう話したくないです」「もう関わりたくないです」と伝わってしまうのです。

　「べつに……」の黒魔法は、興味のない話を終わらせるだけでなく、その人との関係も終わらせてしまう効果もあるということを知っておきましょう。

黒魔法の代わりに

　「何だろう?」「わかんないな」と、いったん相手にボールを返すといいでしょう。

禁断の<ruby>黒<rt></rt></ruby>魔法 ㉘

そんなの変だよ

おかしいよ!!

どんなときに言っちゃう?

★ みんなと違うことをする人を見たとき

★ はじめて知ることがあったとき

相手はどう思う?

★ 自分はおかしいのかな

★ バカにされている

頭の固さをまわりにアピールする
違いを認められない魔法

いつもと違う、みんなと違ってる、自分が思ってるのと違った……。そう感じたときにはつい「変だよ」と、相手を攻撃してしまうかもしれません。

「なにそれ！　変なの！」「おかしいよ、そんなの」

これを言われた相手は「え……なんかおかしいこと言った？」「やばい、まちがった？」と、責められたような悲しい気持ちになります。ただ違うだけなのに。どっちがいいも悪いもないのに。

「違い」に気づくのはむしろいいことです。ですがそこから「正しいのは自分！」「そっちがまちがってる！」と決めつけるのは、とても心が狭い行いです。

「変だよ」の黒魔法は、相手を傷つけるだけでなく、自分の頭の固さを周りにアピールする効果もあることを知っておきましょう。

黒魔法の代わりに

「違うな」と思ったらすぐに「それはそれでアリ。人それぞれなんだから」と思うクセをつけましょう。

禁断の<ruby>黒<rt></rt></ruby>魔法 29

だから言ったでしょ?

全部わかってたよ

どんなときに言っちゃう?

★ 相手が失敗したとき
★ 自分の賢さをアピールしたいとき

相手はどう思う?

★ 今さら言われても困る
★ ひきょうな人だ

一瞬でひきょうな人と思われる
過去グジグジ魔法

思ってたとおり失敗した、言ってたとおりダメだった。あーあ、そんなのわかってたよ……。そう思ったときについ「だから言ったでしょ?」と言ってしまうことがあるでしょう。

「だから言ったじゃん!」「やると思ったー」「こうすればよかったのに!」

こう言った瞬間、きみは周りから「ひきょうな人」と思われてしまいます。どれだけ正しいことを言っていても、きみの評判は落ちるばかり。

なぜかというと、すでに起きてしまったこと、今さらどうしようもないことについて、外野からえらそうに言うのは、とてもずるいことだからです。

「だから言ったでしょ」の黒魔法は、言いたくなってもぐっとこらえるのがいいでしょう。

黒魔法の代わりに

「次はこうしよう」と、これからの話をするだけで「頭がいい人」と思われます。

<ruby>禁断<rt>きんだん</rt></ruby>の<ruby>黒<rt></rt></ruby><ruby>魔法<rt>まほう</rt></ruby>㉚

わかってるよ

ぜ〜んぶわかってるもん！
知ってるもん！
知らないことなんて
ないもんね！

どんなときに言っちゃう？

★ <ruby>何度<rt>なんど</rt></ruby>も<ruby>注意<rt>ちゅうい</rt></ruby>されたとき
★ <ruby>言<rt>い</rt></ruby>われたくないことを
　<ruby>言<rt>い</rt></ruby>われたとき

<ruby>相手<rt>あいて</rt></ruby>はどう<ruby>思<rt>おも</rt></ruby>う？

★ わかってるならやってよ
★ もう<ruby>教<rt>おし</rt></ruby>えてあげない

何も教えてもらえなくなる
知ったかぶり魔法

やろうと思っていたことをやりなさいと言われてムッとした、知っていることを教えられてイラッとした……。そういうときについ「わかってるよ」と言ってしまうことがあるでしょう。

「わかってるよ！」「知ってたよ、そんなこと」

この言葉を聞くと、相手は「わかってるなら、やってよ……」「もっと教えてあげようと思ったのに」と悲しくなってしまいます。それだけならまだしも、「ほんとにわかってた？」ときみの言葉を疑うようにもなるでしょう。きみがわかっていたのは本当なのに、言い訳がましくこう言うだけで、まるでウソつきのように見られてしまうのです。

「わかってるよ」は「わかってないです」と言っているようなもの。そう知っておきましょう。

黒魔法の代わりに

たとえわかっていても、「わかった！」「了解！」とまっすぐ返事をするほうがいいでしょう。

おまけの
授業

／

便利アイテム
「オノマトペ」
20

最後に、便利なアイテム
「オノマトペ」を授けよう。
気持ちをことばにするのは
とても大事じゃが、
「うまくことばにできない」
「なんて言ったらいいかわからない」
というときに助けてくれるアイテムじゃ。
かんたんな音の繰り返しで、
気持ちを上手に伝えられるぞ。
これまで見てきた魔法と一緒に使うのも
オススメじゃ。

1　ドキドキ

心臓が速く打っていて落ち着かない様子

例：「うまくいくかなあ。あー、ドキドキする」

2　ハラハラ

どうなるか危なっかしくて、見てられない様子

例：「弟の運動会、見てて、ハラハラしっぱなしだったよ」

3　モヤモヤ

よくわからなくてすっきりしない、心に霧がかかっているような様子

例：「理由もなく怒られて、なんかモヤモヤするんだ」

4　イライラ

思い通りにいかなくて、たかぶった気持ちが続く様子

例：「なんでわかってくれないの？　イライラするなあ」

5　ワクワク

楽しみで、うれしい気持ちが止まらない様子。

例：「どんなごちそうかなあ、ワクワクするなあ」

6 ホッと

こわばっていた心が、やわらかくほどけた様子。
例：「テストが終わって、ようやくホッと一安心だよ」

7 ガッカリ

楽しみにしていたことが、うまくいかなくて落ち込んでいる様子。
例：「せっかくの遠足、雨で延期なんてガッカリだよ」

8 クタクタ

疲れてしまって、もう動きたくない様子。
例：「宿題が多すぎて、もうクタクタだよ」

9 ビクビク

こわくて、心も体もふるえてしまう様子。
例：「あの先生こわいから、ついビクビクしちゃうんだ」

10 ギュッと

しっかりと抱きしめる様子。
例：「こわい夢見たから、ギュッとしてほしい」

11　バタバタ

いろいろなことに追われて、慌ててしまう様子。
例：「朝からやることが多くて、バタバタしちゃった」

12　しんみり

静かに悲しんでいる様子。
例：「おばあちゃんの話を聞いて、しんみりしちゃった」

13　ピリピリ

気持ちがたかぶって、つい言い返してしまいそうな様子。
例：「ちょっといまピリピリしてるから、黙ってて」

14　クラクラ

気持ちがゆれ動いて、めまいがしそうな様子。
例：「頭にきて、目の前がクラクラしちゃったよ」

15　しっくり

ぴったりと思ったとおりな様子。
例：「うん、その色のほうが、しっくりくるね」

16 グズグズ

ものごとがぜんぜん進まない様子。
例：「いつまでもグズグズ考えちゃうんだ」

17 ぐっとくる

まるで力を入れたように、心が動かされる様子。
例：「あのセリフ、ぐっときたなあ」

18 シャキッと

まるで目が覚めたように、しっかりしている様子。
例：「気持ちをシャキッとさせて、がんばろう！」

19 ゴロゴロ

ネコのように、のんびりとくつろいでいる様子。
例：「ちょっとだけゴロゴロしていい？」

20 ほっこり

あたたかくて、癒やされている様子。
例：「ひなたぼっこしてると、心までほっこりするね」

よくぞ
60の魔法を
マスターした！
卒業じゃ！

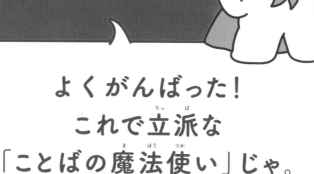

よくがんばった！
これで立派な
「ことばの魔法使い」じゃ。

これからも
「自分の気持ちを上手にことばにする」
ことを大切にするんじゃぞ。
そうすれば、きっと
しあわせな毎日をすごせるじゃろう。

卒業証書

あなたは本校が定めた
課程をすばらしい成績で
卒業しました。
よってここに卒業証書を授与し、
「ことばの魔法使い」の称号を
得たことを証します。

ことばの魔法学校
校長イオタ

なまえ
_____

ひづけ　　　／　　／
_____

購入者限定特典
この本を買ってくれた人だけのおまけ

スマートフォンの壁紙に使える
かわいいイラスト

この本のイラスト1点が
下の QR コードからダウンロードできます。
おうちの人と一緒に
ダウンロードしてくださいね。

ダウンロード URL
https://d21.co.jp/special/magicwords

ユーザー名：discover2977
パスワード：magicwords

＊第三者への転売・譲渡を禁止します
＊この特典は予告なく終了することがあります

自分の気持ちを上手に伝える

ことばの魔法図鑑

発行日　2023年 8月25日　第1刷
　　　　2025年 1月21日　第9刷

Author	五百田達成
Illustrator	ナポリ
Book Designer	荻原佐織
Publication	株式会社ディスカヴァー・トゥエンティワン
	〒102-0093　東京都千代田区平河町2-16-1 平河町森タワー11F
	TEL　03-3237-8321（代表）03-3237-8345（営業）
	FAX　03-3237-8323
	https://d21.co.jp/
Publisher	谷口奈緒美
Editor	大竹朝子

Store Sales Company
佐藤昌幸　蛯原昇　古矢薫　磯部隆　北野風生　松ノ下直輝　山田諭志　鈴木雄大　小山怜那　町田加奈子

Online Store Company
飯田智樹　庄司知世　杉田彰子　森谷真一　青木翔平　阿知波淳平　井筒浩　大﨑双葉　近江花渚　副島杏南　徳間凜太郎
廣内悠理　三輪真也　八木眸　古川菜津子　斎藤悠人　高原未来子　千葉潤子　藤井多穂子　金野美穂　松浦麻恵

Publishing Company
大山聡子　大竹朝子　藤田浩芳　三谷祐一　千葉正幸　中島俊平　伊東佑真　榎本明日香　大田原恵美　小石亜季　舘瑞恵
西川なつか　野﨑竜海　野中保奈美　野村美空　橋本莉奈　林秀樹　原典宏　牧野類　村尾純司　元木優子　安永姫菜
浅野目七重　厚見アレックス太郎　神日登美　小林亜由美　陳玟萱　波塚みなみ　林佳菜

Digital Solution Company
小野航平　馮東平　宇賀神実　津野主揮　林秀規

Headqtuarters
川島理　小関勝則　大星多聞　田中亜紀　山中麻吏　井上竜之介　奥田千晶　小田木もも　佐藤淳基　福永友紀　俵敬子　池田望
石橋佐知子　伊藤香　伊藤由美　鈴木洋子　福田章平　藤井かおり　丸山香織

Proofreader	文字工房燦光
Printing	シナノ印刷株式会社

ISBN978-4-7993-2977-1
KOTOBA NO MAHOU ZUKAN by Tatsunari Iota
© Tatsunari Iota, 2023, Printed in Japan.

人と組織の可能性を拓く
ディスカヴァー・トゥエンティワンからのご案内

本書のご感想をいただいた方に
うれしい特典をお届けします！

特典内容の確認・ご応募はこちらから

https://d21.co.jp/news/event/book-voice/

最後までお読みいただき、ありがとうございます。
本書を通して、何か発見はありましたか？
ぜひ、感想をお聞かせください。

いただいた感想は、著者と編集者が拝読します。

また、ご感想をくださった方には、お得な特典をお届けします。